Cupcakes

MAGDALENAS CREATIVAS

Traducción y adaptación de
Amanda Laporte

editorial juventud
Barcelona

Título original: *The complete series Cupcakes*

Con el acuerdo de R&R Publications Marketing Pty Ltd, Australia

Provença, 101 - 08029 Barcelona
info@editorialjuventud.es
www.editorialjuventud.es
Traducción y adaptación de Amanda Laporte
Primera edición, 2011
Depósito legal: B. 34225-2011
ISBN 978-84-261-3877-4
Núm. de edición de E. J.: 12.435

Printed in Spain
S. A. de Litografia, Ramon Casas, 2 - Badalona

Contenidos

Introducción

Preparar cupcakes es una experiencia muy gratificante y provechosa, no solo para la cocinera que se anima a hacerlos sino también para todos aquellos que se acercan a curiosear para dar su opinión, aportar su granito de arena o simplemente para probar los deliciosos resultados.

Los cupcakes se preparan de forma tan rápida que resultan ideales para pasar unos divertidos momentos preparándolos en familia y también son un recurso muy práctico cuando tenemos invitados inesperados.

La simplicidad ha sido desde siempre una de las características esenciales de los cupcakes. A principios del siglo XIX se les conocía popularmente como «*mesure cakes*» o «*number cakes*» y también como «*cupcakes*», siempre haciendo alusión a que la unidad para medir los ingredientes con los que se preparaban eran las tazas («*cups*»), en lugar de las medidas tradicionales, tal como se sigue haciendo hoy en día en Estados Unidos. De esta forma, resultaba mucho más rápido elaborarlos en una época en la que el té de la tarde se había convertido en un rito habitual. El nombre también puede hacer referencia a que en esas épocas los «cupcakes» se horneaban dentro de las propias tazas de té. Las tazas se engrasaban, se llenaban con la masa y se horneaban en los tradicionales hornos de carbón o leña. Al ser más pequeños que un pastel normal, los cupcakes exigían menos combustible y menos tiempo de cocción. Pronto se convirtieron en los favoritos de las amas de casa más prácticas y ahorradoras.

A pesar de que hoy en día resulta sumamente extraño encontrar a alguien que aún hornee los cupcakes en viejas tazas de té, la receta tradicional no ha cambiado demasiado. Quizás haya evolucionado un poco para convertirse en un dulce algo más elegante y creativo. Cabe recordar que los cupcakes permiten hacer volar la imaginación a las cocineras más atrevidas. Así, podemos encontrarnos desde un sencillo cupcake decorado de forma sobria con glasa y coronado con una simple guinda hasta un refinado pastelito con una delicada ganache de chocolate y una decoración sofisticada a base de vistosas flores de mantequilla y azúcar. Para muchas cocineras, una bandeja de cupcakes se convierte en una especie de lienzo en blanco en el que demostrar sus habilidades artísticas con fantasiosas creaciones y decoraciones. Para otras, es sencillamente una forma fácil y rápida de preparar una deliciosa bandeja de apetitosos pastelitos.

Elaboración

Antes de empezar a preparar los cupcakes es importante comprobar que tienes a mano todos los utensilios y los ingredientes que van a hacerte falta.

Lo primero que has de hacer es tomarte tiempo para leer con calma la receta. Aunque la mayoría de las recetas de este libro son muy parecidas, puedes encontrarte con sutiles diferencias. Antes de ponerte en marcha, comprueba que tienes todos los ingredientes y las cantidades que vas a necesitar. ¡No hay nada más fastidioso que tener que bajar a la calle a comprar azúcar cuando ya estás a media receta!

Un consejo: saca la mantequilla y los huevos de la nevera con el tiempo necesario para que tomen temperatura. Trabajar con los ingredientes fríos provoca que la masa haga grumos y resulte menos esponjosa.

Algunas personas prefieren el sabor y la textura de la leche entera aunque otras, con mayor preocupación por las grasas y las calorías, preferirán leche desnatada. Sea como sea, recuerda que también es preferible que la leche esté a temperatura ambiente cuando prepares la masa. En lugar de tener toda la botella fuera de la nevera resulta más aconsejable medir la cantidad que vayas a utilizar, disponerla en un bol, cubrirla con papel film y dejar que tome temperatura durante unos minutos.

Las capsulitas de papel rizado son ideales para verter en ellas la masa y hornear los cupcakes. Las capsulitas de calidad son de gran ayuda. Intenta conseguir aquellas que tengan el papel más grueso para que los cupcakes mantengan la forma durante la cocción. **Las capsulitas más finas se desparraman con facilidad y resultan un verdadero desperdicio**. En realidad, para prevenir este pequeño desastre, lo ideal es disponer las capsulitas en los moldes para cupcakes. Se trata de bandejitas especiales con agujeros del diámetro de los cupcakes o los mini cupcakes en los que se disponen directamente las capsulitas de papel rizado para que mantengan la forma durante la cocción.

Si no tienes bandejitas especiales para cupcakes, lo ideal es que dispongas las capsulitas directamente en la bandeja del horno, muy juntas, de forma que se ayuden a mantener la forma durante la cocción las unas a las otras.

En cualquier caso, si tienes intención de preparar cupcakes a menudo, te aconsejamos que no dudes en gastar un poquito más y compres bandejitas especiales, muy prácticas y duraderas. Engrásalas ligeramente y comprueba que no están calientes debido a una cocción anterior para evitar que se modifique el tiempo de horneado.

¡Casi es el momento de encender el horno!

La tradición de preparar pasteles caseros se ha basado siempre en la idea de servir buenos manjares en la mesa en ocasiones en las que la familia, los vecinos o los amigos se toman su tiempo para sentarse a hablar y a escuchar, para estar juntos, recordar los viejos tiempos y soñar con nuevos planes para el futuro.

El aroma de los pastelitos recién horneados nos predispone al placer.

Para preparar cupcakes perfectos debes cumplir unas sencillas normas:

- Tamiza los ingredientes secos juntos para que queden bien mezclados. Los grumos de harina pueden arruinar una buena receta.
- Los frutos secos son una importante fuente nutritiva y constituyen un recurso clásico para coronar de forma deliciosa un cupcake. Asegúrate siempre de su frescura, comprobando que no se hayan enranciado. Además, para potenciar su sabor, es conveniente que los tuestes ligeramente durante unos instantes antes de añadirlos. Lo ideal es disponerlos en una bandeja forrada con papel de horno. Calcula 10 minutos a 180 °C para las almendras y las avellanas. Las nueces deben tostarse a menor temperatura; calcula 10 minutos a 160 °C. En cualquier caso, es muy importante que vigiles la cocción; los frutos secos cambian de color enseguida y se queman con facilidad. Controla que adquieren un bonito color dorado pero no dejes que se pongan más oscuros o adquirirán un desagradable sabor amargo.
- No batas la masa durante más tiempo que el que especifique la receta. Las proteínas de la harina, como el gluten, podrían volverse más pegajosas haciendo la masa más espesa. El resultado sería un pastelito menos esponjoso.
- Recuerda que no es conveniente sobrecargar la masa de los cupcakes. Los ingredientes añadidos –frutos secos, chips de chocolate, frutas confitadas...– deben añadirse a la masa en el último momento y removerse ligeramente para que queden uniformemente repartidos en ella. Si añades estos ingredientes del relleno con los ingredientes secos, la harina quedará pegada a ellos e impedirá que se integren en la masa de forma homogénea.
- Al morder un cupcake no resulta muy agradable descubrir que todos los ingredientes han quedado depositados en el fondo de los pastelitos.
- Para que la limpieza resulte mucho más fácil, un buen truco consiste en engrasar

ligeramente los utensilios antes de usarlos. Un rallador de queso, por ejemplo, resultará mucho más fácil de limpiar si, antes de utilizarlo, lo hemos aceitado ligeramente. Podemos usar el mismo truco con cualquier utensilio, bol o taza que vayamos a utilizar con miel, jarabes o almíbares.

- En el momento de hornear los cupcakes has de tener muy en cuenta que no todos los hornos tienen la misma potencia. Por ello, los tiempos de cocción pueden variar notablemente. En hornos sin ventilador los tiempos de cocción van a ser más largos, sobre todo si introducimos los cupcakes en las bandejitas especiales. Un buen truco para controlar perfectamente los tiempos de cocción consiste en introducir un pincho en los pastelitos. Si la punta sale seca y limpia significa que los cupcakes ya están cocidos. Con el tiempo y la experiencia aprenderás a controlar los tiempos de cocción perfectos utilizando únicamente la vista y el olfato.

El mejor momento para degustar los cupcakes es cuando acaban de enfriarse sobre la rejilla metálica.

Cuando decores los cupcakes, sujétalos por la base ya que es el punto más fuerte.

En las decoraciones es importante el gusto y el sentido estético de cada uno.

Necesitarás una espátula y un bol con agua caliente para untar la glasa de forma uniforme sobre los cupcakes. Si no tienes manga, para hacer decoraciones más sofisticadas puedes empezar usando una bolsa de plástico resistente con un agujerito en una de las esquinas. No es el utensilio ideal, pero te servirá para hacer tus primeros pinitos o para salvar una ocasión difícil. Sin duda, tendrás un mayor control sobre las decoraciones si usas una manga pastelera o una pistola especial junto con un set de boquillas de diferentes formas y tamaños. Algunas boquillas tienen diseños especiales para formar hojas, flores u otras formas. Puedes encontrar muchos kits para decoración en las tiendas especializadas en pastelería y cocina.

Limpia bien las boquillas y todos los utensilios tan pronto como los hayas utilizado. Recuerda que la glasa es mucho más fácil de limpiar cuando aún está fresca que una vez endurecida.

El chocolate es siempre una tentación, tanto para comer como para crear atractivas decoraciones.

El chocolate fundido puede usarse para diseñar vistosos motivos decorativos encima de la glasa.

Puedes fundir el chocolate en un recipiente cerámico en el microondas a baja temperatura, pero el método tradicional al baño María sigue siendo el mejor. Trocea el chocolate y disponlo en un recipiente que pueda ser introducido en otra cazuelita algo mayor que contenga un poco de agua hirviendo. Remueve el chocolate mientras se funde a fuego muy lento en este baño María. No permitas nunca que el chocolate se mezcle con el agua. Unas simples gotas le conferirán un desagradable aspecto granulado. Si esto sucediera, añádele un chorrito de aceite para que recupere su textura.

En la página siguiente hemos incluido una explicación básica sobre cómo se prepara una manga pastelera. Es una técnica práctica si tienes a mano papel de horno. Si no es así, tu único recurso consistirá en rellenar la esquina de una bolsita de plástico y practicarle un pequeño agujero en la punta. Si la bolsa es resistente y eres suficientemente hábil, puede ser una solución para hacer decoraciones lineales o para escribir mensajes encima de los pastelitos.

A medida que vayas preparando las recetas de este libro irás descubriendo cuáles son tus favoritas para poder repetirlas una y otra vez. Puedes experimentar cambiando algunos sabores, decoraciones o toppings a tu gusto. Toda la familia y los amigos te pedirán una y otra vez que repitas sus cupcakes favoritos. Además, en cuanto adquieras un poco de habilidad, los prepararás en un abrir y cerrar de ojos.

Cómo hacer una manga con una bolsa de plástico

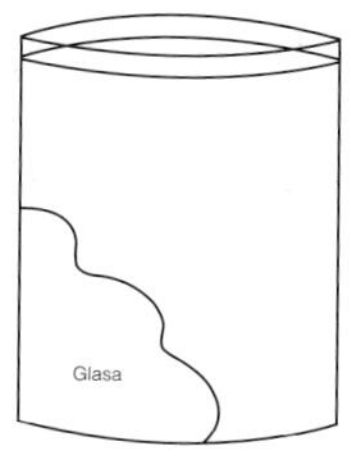

1 Elige una bolsa de plástico resistente de un tamaño mediano o pequeño. Rellena una de las esquinas con glasa o con chocolate fundido. Retira el aire de la bolsa.

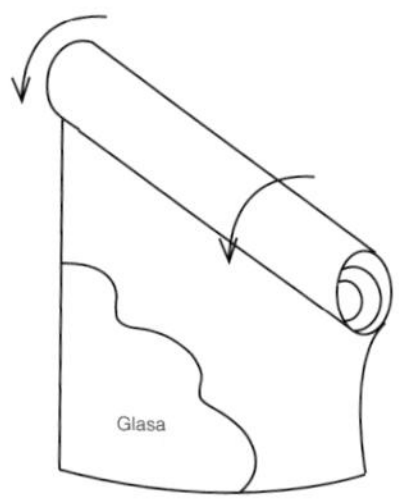

2 Pliega la parte superior de la bolsa y enróllala sobre sí misma en diagonal hacia la esquina con el relleno.

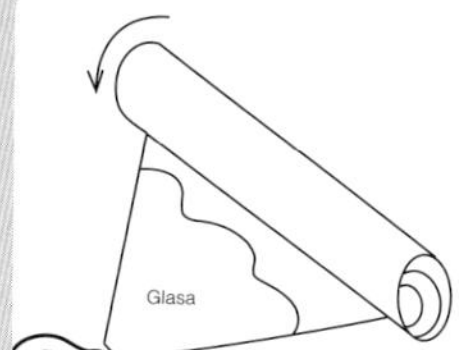

3 Corta la puntita de la esquina de la bolsa. Controla la salida de la glasa aplicando mayor o menor presión a la parte enrollada.

Cómo hacer una manga de papel

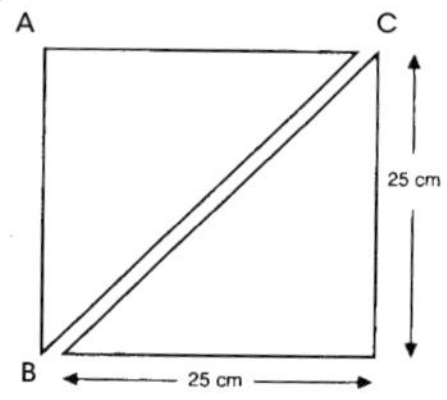

1 Corta un cuadrado de papel de horno de 25 cm de lado. Corta el cuadrado por la mitad en diagonal para obtener dos triángulos. Marca los ángulos como A, B y C.

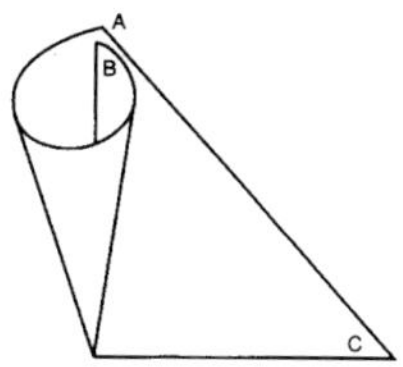

2 Enrolla B sobre A.

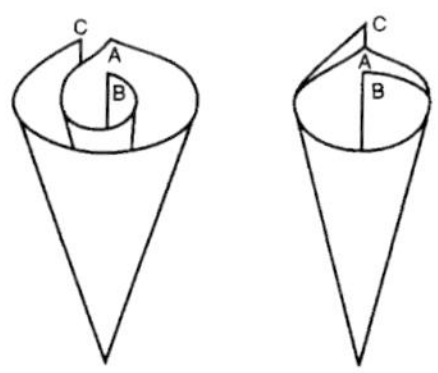

3 Haz que C coincida sobre A y B.

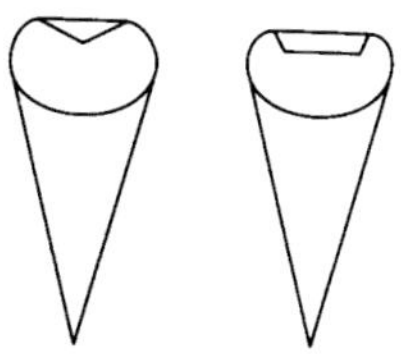

4 Dobla un par de veces la esquina A para sujetar la manga. Rellena la manga y corta la punta. Esta manga puede usarse con una boquilla.

cupcakes de vainilla y café

Las recetas de este capítulo abarcan desde los clásicos cupcakes de vainilla con su topping tradicional hasta las propuestas más innovadoras con aromas de café, moka, capuccino o especias exóticas.

Cupcakes de moka y chocolate blanco

2 huevos
125 g de mantequilla
225 g de azúcar
125 ml de leche
270 g de harina
2 cucharaditas de levadura en polvo
100 g de chocolate blanco
2 cucharaditas de café liofilizado

Topping
185 g de azúcar glas
125 g de mantequilla
1 cucharadita de café liofilizado
chocolate blanco para decorar

1. Precalienta el horno a 160 °C. Bate los huevos con el azúcar y la mantequilla, troceada y ablandada, hasta conseguir una mezcla ligera y espumosa.
2. Añade la leche, la harina tamizada con la levadura, el chocolate troceado y el café liofilizado. Sigue batiendo con ayuda de unas varillas eléctricas hasta obtener la textura de una crema ligera.
3. Dispón 12 capsulitas de papel rizado en una bandeja refractaria y rellénalas con la preparación anterior. Hornéalas durante 18-20 minutos a 160 °C, hasta que hayan subido y estén firmes al tacto. Retíralas del horno, déjalas entibiar unos minutos y déjalas reposar sobre una rejilla hasta que se enfríen completamente.

Topping

1. Dispón el azúcar glas, la mantequilla, troceada y ablandada, y el café liofilizado en un bol grande. Remueve con una cuchara de madera hasta obtener una preparación homogénea.
2. Haz virutas de chocolate blanco raspando la tableta con ayuda de un pelaverduras. Cubre los cupcakes con la preparación anterior y espolvoréalos con virutas de chocolate blanco.

12 cupcakes • Preparación 12 minutos • Cocción 20 minutos

Cupcakes de vainilla

2 huevos
125 g de mantequilla
225 g de azúcar
125 ml de leche
270 g de harina
2 cucharaditas de levadura en polvo
1 cucharadita de extracto de vainilla

Topping
185 g de azúcar glas
125 g de mantequilla
semillas del interior de una vaina de vainilla

1. Precalienta el horno a 160 °C. Bate los huevos con el azúcar y la mantequilla, troceada y ablandada, hasta conseguir una mezcla ligera y espumosa.
2. Añade la leche, la harina tamizada con la levadura y la vainilla. Sigue batiendo con ayuda de unas varillas eléctricas durante 2 minutos hasta obtener la textura de una crema ligera.
3. Dispón 12 capsulitas de papel rizado en una bandeja refractaria y rellénalas con la preparación anterior. Hornéalas durante 18-20 minutos a 160 °C, hasta que hayan subido y estén firmes al tacto. Retíralas del horno, déjalas entibiar unos minutos y déjalas reposar sobre una rejilla hasta que se enfríen completamente.

Topping

1. Mezcla la mitad de la mantequilla con la mitad del azúcar glas y remueve con ayuda de una cuchara de madera hasta que ambos ingredientes queden totalmente integrados. Añade las semillitas del interior de la vaina de vainilla y el resto de mantequilla y azúcar glas. Sigue removiendo hasta conseguir una preparación homogénea.
2. Cubre los cupcakes con esta preparación extendiéndola con ayuda del dorso de una cuchara.

12 cupcakes • Preparación 12 minutos • Cocción 20 minutos

Cupcakes de chocolate blanco y vainilla

2 huevos
125 g de mantequilla
225 g de azúcar
125 ml de leche
270 g de harina
2 cucharaditas de levadura en polvo
1 cucharadita de extracto de vainilla

Topping
100 g de chocolate blanco
1 cucharada de mantequilla
80 ml de nata para montar
flores de azúcar

1. Precalienta el horno a 160 °C. Bate los huevos con el azúcar y la mantequilla, troceada y ablandada, hasta conseguir una mezcla ligera y espumosa.
2. Añade la leche, la harina tamizada con la levadura y la vainilla. Sigue batiendo con ayuda de unas varillas eléctricas durante 2 minutos hasta obtener la textura de una crema ligera.
3. Dispón 12 capsulitas de papel rizado en una bandeja refractaria y rellénalas con la preparación anterior. Hornéalas durante 18-20 minutos a 160 °C, hasta que hayan subido y estén firmes al tacto. Retíralas del horno, déjalas entibiar unos minutos y déjalas reposar sobre una rejilla hasta que se enfríen completamente.

Topping

1. Funde el chocolate troceado junto con la mantequilla en una cazuelita al baño María. Añade la nata para montar, mezcla y cuece unos instantes todo junto sin dejar de remover. Retira del fuego y deja enfriar.
2. Cubre los cupcakes con esta preparación extendiéndola con ayuda de una cucharita y decóralos con flores de azúcar.

12 cupcakes • Preparación 12 minutos • Cocción 20 minutos

Cupcakes de azafrán y algodón de azúcar persa

2 huevos
125 g de mantequilla
225 g de azúcar
125 ml de leche
270 g de harina
2 cucharaditas de levadura en polvo
1 cucharadita de extracto de vainilla
1 pizca de hebras de azafrán

Topping
185 g de azúcar glas
1 cucharadita de extracto de limón
1 cucharadita de extracto de vainilla
125 g de mantequilla
12 hebras de azafrán
algodón de azúcar persa

1. Precalienta el horno a 160 °C. Bate los huevos con el azúcar y la mantequilla, troceada y ablandada, hasta conseguir una mezcla ligera y espumosa.
2. Añade la leche, la harina tamizada con la levadura, la vainilla y el azafrán. Sigue batiendo con ayuda de unas varillas eléctricas durante 2 minutos hasta obtener la textura de una crema ligera.
3. Dispón 12 capsulitas de papel rizado en una bandeja refractaria y rellénalas con la preparación anterior. Hornéalas durante 18-20 minutos a 160 °C, hasta que hayan subido y estén firmes al tacto. Retíralas del horno, déjalas entibiar unos minutos y déjalas reposar sobre una rejilla hasta que se enfríen completamente.

Topping

1. Mezcla todos los ingredientes del topping excepto los hilos de algodón de azúcar persa y remueve enérgicamente usando una cuchara de madera hasta obtener una preparación homogénea.
2. Dispón la mezcla en una manga pastelera con boquilla rizada y repártela encima de los cupcakes. Decora la superficie con hilos de algodón de azúcar persa.

12 cupcakes • Preparación 12 minutos • Cocción 20 minutos

Cupcakes de nubes fundidas

2 huevos
125 g de mantequilla
225 g de azúcar
125 ml de leche
270 g de harina
2 cucharaditas de levadura en polvo
100 g de nubes mini

Topping
185 g de azúcar glas
125 g de mantequilla
1 cucharadita de extracto de vainilla
100 g de nubes mini
granillo de azúcar para decorar

1. Precalienta el horno a 160 °C. Bate los huevos con el azúcar y la mantequilla, troceada y ablandada, hasta conseguir una mezcla ligera y espumosa.
2. Añade la leche, la harina tamizada con la levadura y la vainilla. Sigue batiendo con ayuda de unas varillas eléctricas durante 2 minutos hasta obtener la textura de una crema ligera. Añade las nubes troceadas y mezcla.
3. Dispón 12 capsulitas de papel rizado en una bandeja refractaria y rellénalas con la preparación anterior. Hornéalas durante 18-20 minutos a 160 °C, hasta que hayan subido y estén firmes al tacto. Retíralas del horno, déjalas entibiar unos minutos y déjalas reposar sobre una rejilla hasta que se enfríen completamente.

Topping

1. Mezcla la mitad de la mantequilla con la mitad del azúcar glas y remueve con ayuda de una cuchara de madera. Funde las nubes en el microondas a potencia máxima durante 20 segundos. Añade las nubes fundidas y el resto de mantequilla y azúcar glas y mezcla hasta que queden bien integrados.
2. Cubre los cupcakes con esta preparación extendiéndola con ayuda del dorso de una cuchara y espolvoréalos con granillo de azúcar justo antes de servir.

12 cupcakes • Preparación 12 minutos • Cocción 20 minutos

Cupcakes de vainilla y copitos de nieve

2 huevos
125 g de mantequilla
225 g de azúcar
125 ml de leche
270 g de harina
2 cucharaditas de levadura en polvo
1 cucharadita de extracto de vainilla

Topping
185 g de azúcar glas
125 g de mantequilla
copos de azúcar

1. Precalienta el horno a 160 °C. Bate los huevos con el azúcar y la mantequilla, troceada y ablandada, hasta conseguir una mezcla ligera y espumosa.
2. Añade la leche, la harina tamizada con la levadura y la vainilla. Sigue batiendo con ayuda de unas varillas eléctricas durante 2 minutos hasta obtener la textura de una crema ligera.
3. Dispón 12 capsulitas de papel rizado en una bandeja refractaria y rellénalas con la preparación anterior. Hornéalas durante 18-20 minutos a 160 °C, hasta que hayan subido y estén firmes al tacto. Retíralas del horno, déjalas entibiar unos minutos y déjalas reposar sobre una rejilla hasta que se enfríen completamente.

Topping

1. Mezcla la mitad de la mantequilla con la mitad del azúcar glas y remueve con ayuda de una cuchara de madera hasta que ambos ingredientes queden totalmente integrados. Añade el resto de mantequilla y azúcar glas y sigue removiendo hasta conseguir una preparación homogénea.
2. Dispón esta preparación en una manga pastelera con boquilla redonda y repártela sobre los cupcakes. Espolvoréalos con copos de azúcar justo antes de servir.

12 cupcakes • Preparación 12 minutos • Cocción 20 minutos

Cupcakes de vainilla y pétalos de rosa

2 huevos
125 g de mantequilla
225 g de azúcar
125 ml de leche
270 g de harina
2 cucharaditas de levadura en polvo
1 cucharadita de extracto de vainilla

Topping
185 g de azúcar glas
125 g de mantequilla
1 cucharadita de agua de rosas
6 gotas de extracto de vainilla
pétalos de rosa azucarados

1. Precalienta el horno a 160 °C. Bate los huevos con el azúcar y la mantequilla, troceada y ablandada, hasta conseguir una mezcla ligera y espumosa.
2. Añade la leche, la harina tamizada con la levadura y la vainilla. Sigue batiendo con ayuda de unas varillas eléctricas durante 2 minutos hasta obtener la textura de una crema ligera.
3. Dispón 12 capsulitas de papel rizado en una bandeja refractaria y rellénalas con la preparación anterior. Hornéalas durante 18-20 minutos a 160 °C, hasta que hayan subido y estén firmes al tacto. Retíralas del horno, déjalas entibiar unos minutos y déjalas reposar sobre una rejilla hasta que se enfríen completamente.

Topping

1. Mezcla la mitad de la mantequilla con la mitad del azúcar glas y remueve con ayuda de una cuchara de madera hasta que ambos ingredientes queden totalmente integrados. Añade el agua de rosas, el extracto de vainilla y el resto de mantequilla y azúcar glas y sigue removiendo hasta conseguir una preparación homogénea.
2. Dispón esta preparación en una manga pastelera con boquilla pequeña redonda y forma pequeños montoncitos sobre los cupcakes. Corona cada montoncito con pétalos de rosa azucarados y sírvelos enseguida.

12 cupcakes • Preparación 12 minutos • Cocción 20 minutos

Cupcakes violetas

2 huevos
125 g de mantequilla
225 g de azúcar
125 ml de leche
270 g de harina
2 cucharaditas de levadura en polvo
1 cucharadita de extracto de vainilla

Topping
185 g de azúcar glas
125 g de mantequilla
2 gotas de colorante alimentario violeta
violetas azucaradas

1. Precalienta el horno a 160 °C. Bate los huevos con el azúcar y la mantequilla, troceada y ablandada, hasta conseguir una mezcla ligera y espumosa.
2. Añade la leche, la harina tamizada con la levadura y la vainilla. Sigue batiendo con ayuda de unas varillas eléctricas durante 2 minutos hasta obtener la textura de una crema ligera.
3. Dispón 12 capsulitas de papel rizado en una bandeja refractaria y rellénalas con la preparación anterior. Hornéalas durante 18-20 minutos a 160 °C, hasta que hayan subido y estén firmes al tacto. Retíralas del horno, déjalas entibiar unos minutos y déjalas reposar sobre una rejilla hasta que se enfríen completamente.

Topping

1. Mezcla la mitad de la mantequilla con la mitad del azúcar glas y remueve con ayuda de una cuchara de madera hasta que ambos ingredientes queden totalmente integrados. Añade el colorante y el resto de mantequilla y azúcar glas. Sigue removiendo hasta conseguir una preparación homogénea con un color uniforme.
2. Cubre los cupcakes con esta preparación extendiéndola con ayuda del dorso de una cuchara o con una espátula pequeña y corónalos con una violeta azucarada.

12 cupcakes • Preparación 12 minutos • Cocción 20 minutos

Cupcakes de San Valentín

2 huevos
125 g de mantequilla
225 g de azúcar
125 ml de leche
270 g de harina
2 cucharaditas de levadura en polvo
1 cucharadita de extracto de vainilla
100 g de chocolate blanco

Topping
125 g de azúcar glas
2 cucharadas de agua
unas gotas de colorante alimentario rosa
un tubito de glasa roja

1. Precalienta el horno a 160 °C. Bate los huevos con el azúcar y la mantequilla, troceada y ablandada, hasta conseguir una mezcla ligera y espumosa.
2. Añade la leche, la harina tamizada con la levadura y la vainilla. Sigue batiendo con ayuda de unas varillas eléctricas durante 2 minutos hasta obtener la textura de una crema ligera. Añade el chocolate blanco troceado y mezcla.
3. Dispón 12 capsulitas de papel rizado en una bandeja refractaria y rellénalas con la preparación anterior. Hornéalas durante 18-20 minutos a 160 °C, hasta que hayan subido y estén firmes al tacto. Retíralas del horno, déjalas entibiar unos minutos y déjalas reposar sobre una rejilla hasta que se enfríen completamente.

Topping

1. Mezcla el azúcar glas con el agua y unas gotas de colorante alimentario rosa.
2. Cubre los cupcakes con la preparación anterior y dibuja encima corazones románticos con ayuda de un tubito de glasa roja.

12 cupcakes • Preparación 12 minutos • Cocción 20 minutos

Cupcakes de flor de azahar

2 huevos
125 g de mantequilla
225 g de azúcar
125 ml de leche
270 g de harina
2 cucharaditas de levadura en polvo
1 cucharadita de extracto de vainilla
6 gotas de agua de azahar

Topping
185 g de azúcar glas
125 g de mantequilla
naranjas confitadas para decorar

1. Precalienta el horno a 160 °C. Bate los huevos con el azúcar y la mantequilla, troceada y ablandada, hasta conseguir una mezcla ligera y espumosa.
2. Añade la leche, la harina tamizada con la levadura, la vainilla y el agua de azahar. Sigue batiendo con ayuda de unas varillas eléctricas durante 2 minutos hasta obtener la textura de una crema ligera.
3. Dispón 12 capsulitas de papel rizado en una bandeja refractaria y rellénalas con la preparación anterior. Hornéalas durante 18-20 minutos a 160 °C, hasta que hayan subido y estén firmes al tacto. Retíralas del horno, déjalas entibiar unos minutos y déjalas reposar sobre una rejilla hasta que se enfríen completamente.

Topping

1. Mezcla el azúcar glas con la mantequilla ablandada y remueve con una cuchara de madera hasta conseguir una preparación homogénea.
2. Dispón la mezcla en una manga pastelera con boquilla rizada y repártela encima de los cupcakes. Decora la superficie con triangulitos de naranja confitada.

12 cupcakes • Preparación 12 minutos • Cocción 20 minutos

Cupcakes de chocolate blanco y canela

2 huevos
125 g de mantequilla
225 g de azúcar
125 ml de leche
270 g de harina
2 cucharaditas de levadura en polvo
1 cucharadita de extracto de vainilla
100 g de chocolate blanco
1 cucharadita de canela en polvo

Topping
100 g de chocolate blanco
185 g de azúcar glas
125 g de mantequilla
80 ml de nata para montar
1 cucharadita de canela
chocolate blanco para decorar

1. Precalienta el horno a 160 °C. Bate los huevos con el azúcar y la mantequilla, troceada y ablandada, hasta conseguir una mezcla ligera y espumosa.
2. Añade la leche, la harina tamizada con la levadura, la canela y la vainilla. Sigue batiendo con ayuda de unas varillas eléctricas durante 2 minutos hasta obtener la textura de una crema ligera. Añade el chocolate blanco troceado y mezcla.
3. Dispón 12 capsulitas de papel rizado en una bandeja refractaria y rellénalas con la preparación anterior. Hornéalas durante 18-20 minutos a 160 °C, hasta que hayan subido y estén firmes al tacto. Retíralas del horno, déjalas entibiar unos minutos y déjalas reposar sobre una rejilla hasta que se enfríen completamente.

Topping

1. Mezcla el chocolate blanco con una cucharada de mantequilla y fúndelo en un cazo a fuego muy lento o al baño María. Añade la nata en hilo sin dejar de remover y deja que la mezcla espese ligeramente.
2. Retira del fuego la preparación anterior y añade la mantequilla, el azúcar glas y la canela. Remueve bien para que todos los ingredientes queden bien integrados. Con ayuda de una cuchara, cubre los cupcakes con la crema obtenida y espolvoréalos con virutas de chocolate blanco.

12 cupcakes • Preparación 12 minutos • Cocción 20 minutos

Moka choc chip cupcakes

2 huevos
125 g de mantequilla
225 g de azúcar
125 ml de leche
270 g de harina
2 cucharaditas de levadura en polvo
2 cucharadas de café molido
150 g de mini chips de chocolate

Topping
185 g de azúcar glas
125 g de mantequilla
1 cucharadita de café molido
mini chips de chocolate para decorar

1. Precalienta el horno a 160 °C. Bate los huevos con el azúcar y la mantequilla, troceada y ablandada, hasta conseguir una mezcla ligera y espumosa.
2. Añade la leche, la harina tamizada con la levadura y el café molido. Sigue batiendo con ayuda de unas varillas eléctricas durante 2 minutos hasta obtener la textura de una crema ligera. Añade los mini chips de chocolate y mezcla.
3. Dispón 12 capsulitas de papel rizado en una bandeja refractaria y rellénalas con la preparación anterior. Hornéalas durante 18-20 minutos a 160 °C, hasta que hayan subido y estén firmes al tacto. Retíralas del horno, déjalas entibiar unos minutos y déjalas reposar sobre una rejilla hasta que se enfríen completamente.

Topping

1. Mezcla el azúcar glas, la mantequilla y el café molido y remueve hasta que todos los ingredientes queden bien integrados.
2. Dispón esta crema en una manga pastelera con boquilla rizada pequeña y forma seis pequeños montoncitos sobre cada cupcake. Cubre cada montoncito con un mini chip de chocolate y sirve.

12 cupcakes • Preparación 12 minutos • Cocción 20 minutos

Cupcakes de café y nueces

2 huevos
125 g de mantequilla
225 g de azúcar
125 ml de leche
270 g de harina
2 cucharaditas de levadura en polvo
35 g de nueces picadas
1 cucharada sopera de café liofilizado

Topping
125 g de azúcar glas
3 cucharadas de agua hirviendo
1 cucharadita de café liofilizado
12 medias nueces

1. Precalienta el horno a 200 °C. Bate los huevos con el azúcar y la mantequilla, troceada y ablandada, hasta conseguir una mezcla ligera y espumosa.
2. Añade la leche, la harina tamizada con la levadura y el café. Sigue batiendo con ayuda de unas varillas eléctricas durante 2 minutos hasta obtener la textura de una crema ligera. Añade las nueces picadas y mezcla.
3. Dispón 12 capsulitas de papel rizado en una bandeja refractaria y rellénalas con la preparación anterior. Hornéalas durante 12-15 minutos a 200 °C, hasta que hayan subido y estén firmes al tacto. Retíralas del horno, déjalas entibiar unos minutos y déjalas reposar sobre una rejilla hasta que se enfríen completamente.

Topping

1. Mezcla el azúcar glas con el agua hirviendo y el café liofilizado hasta conseguir una glasa.
2. Cubre los cupcakes con esta preparación extendiéndola con ayuda de una espátula o un cuchillo y corónalos con media nuez.

12 cupcakes • Preparación 10 minutos • Cocción 15 minutos

Cupcakes de café con especias y nata

2 huevos
125 g de mantequilla
125 g de azúcar glas
125 ml de leche
270 g de harina
2 cucharaditas de levadura en polvo
2 cucharadas de café molido
½ cucharadita de canela
½ cucharadita de jengibre molido

Topping
350 g de nata montada
2 cucharadas de azúcar glas
1 pizca de canela para decorar

1. Precalienta el horno a 180 °C. Bate los huevos con el azúcar y la mantequilla, troceada y ablandada, hasta conseguir una mezcla ligera y espumosa.
2. Añade la leche, la harina tamizada con la levadura, el café molido, la canela y el jengibre. Sigue batiendo con ayuda de unas varillas eléctricas durante 2 minutos hasta obtener la textura de una crema ligera.
3. Dispón 12 capsulitas de papel rizado en una bandeja refractaria y rellénalas con la preparación anterior. Hornéalas durante 15-20 minutos a 180 °C, hasta que hayan subido y estén firmes al tacto. Retíralas del horno, déjalas entibiar unos minutos y déjalas reposar sobre una rejilla hasta que se enfríen completamente.

Topping

1. Monta la nata con el azúcar glas y cubre los cupcakes con ayuda de una cuchara o con una manga pastelera.
2. Espolvorea la superficie de la nata con una pizca de canela en polvo y sirve enseguida.

12 cupcakes • Preparación 15 minutos • Cocción 20 minutos

Cupcakes de café y avellanas

2 huevos
125 g de mantequilla
225 g de azúcar
125 ml de leche
270 g de harina
2 cucharaditas de levadura en polvo
½ cucharada de café liofilizado
70 g de avellanas picadas

Topping
185 g de azúcar glas
125 g de mantequilla
2 cucharadas de café liofilizado
4 gotas de extracto de vainilla
avellanas picadas para decorar
azúcar glas y cacao en polvo para espolvorear

1. Precalienta el horno a 180 °C. Calienta la leche en un cazuelita con la mantequilla y el café hasta que la mantequilla se funda. Retira del fuego y deja enfriar.
2. Bate los huevos con el azúcar con ayuda de unas varillas eléctricas hasta conseguir una mezcla ligera y espumosa. Añade la harina tamizada con la levadura y la leche aromatizada y sigue batiendo hasta obtener una preparación homogénea. Añade las avellanas picadas y mezcla.
3. Dispón 12 capsulitas de papel rizado en una bandeja refractaria y rellénalas con la preparación anterior. Hornéalas durante 20 minutos a 180 °C, hasta que hayan subido y estén firmes al tacto. Retíralas del horno, déjalas entibiar unos minutos y déjalas reposar sobre una rejilla hasta que se enfríen completamente.

Topping

1. Mezcla todos los ingredientes y bátelos con ayuda de unas varillas eléctricas durante un minuto a velocidad lenta. Aumenta la velocidad y sigue batiendo hasta obtener una preparación homogénea y esponjosa.
2. Dispón la crema obtenida en una manga pastelera con boquilla rizada ancha y cubre los cupcakes formando rosetones. Espolvoréalos con avellanas picadas, cacao en polvo y azúcar glas justo antes de servir.

12 cupcakes • Preparación 20 minutos • Cocción 20 minutos

Cupcakes de almendras y café

2 huevos
125 g de mantequilla
225 g de azúcar
125 ml de leche
270 g de harina
3 cucharaditas de levadura en polvo
55 g de almendra en polvo
65 g de almendra picada
30 g de cacao en polvo
3 cucharadas de café liofilizado

Topping
185 g de azúcar glas
125 g de mantequilla
1 cucharadita de esencia de almendra
1 cucharadita de café liofilizado
24 mini bolitas de chocolate y café
12 mini bolitas de chocolate blanco y café

1. Precalienta el horno a 160 °C. Bate los huevos con el azúcar y la mantequilla, troceada y ablandada, hasta conseguir una mezcla ligera y espumosa.
2. Añade la leche, la harina tamizada con la levadura y la vainilla. Añade el resto de ingredientes de la masa y sigue batiendo con ayuda de unas varillas eléctricas durante 2 minutos hasta obtener la textura de una crema ligera.
3. Dispón 12 capsulitas de papel rizado en una bandeja refractaria y rellénalas con la preparación anterior. Hornéalas durante 18-20 minutos a 160 °C, hasta que hayan subido y estén firmes al tacto. Retíralas del horno, déjalas entibiar unos minutos y déjalas reposar sobre una rejilla hasta que se enfríen completamente.

Topping

1. Mezcla todos los ingredientes excepto las bolitas de chocolate y café hasta obtener una crema homogénea.
2. Cubre los cupcakes con esta preparación extendiéndola con ayuda del dorso de una cuchara y decóralos con tres mini bolitas de chocolate y café de colores diferentes.

12 cupcakes • Preparación 12 minutos • Cocción 20 minutos

Cupcakes de café al Grand Marnier

2 huevos
125 g de mantequilla
225 g de azúcar
270 g de harina
2 cucharaditas de levadura en polvo
35 g de leche en polvo
1 cucharada de café liofilizado
125 ml de Grand Marnier o licor de naranja

Topping
185 g de azúcar glas
125 g de mantequilla
1 cucharada de Grand Marnier
o licor de naranja
naranja confitada para decorar

1. Precalienta el horno a 180 °C. Funde la mantequilla en una sartén a fuego lento junto con la leche en polvo y el café liofilizado.
2. Bate los huevos con el azúcar y añade la mitad de la mantequilla. Agrega el Grand Marnier, la harina tamizada con la levadura y la mantequilla restante y sigue batiendo hasta conseguir una mezcla ligera y espumosa. Sigue batiendo con ayuda de unas varillas eléctricas durante 2 minutos hasta obtener la textura de una crema ligera.
3. Dispón 12 capsulitas de papel rizado en una bandeja refractaria y rellénalas con la preparación anterior. Hornéalas durante 20 minutos a 180 °C, hasta que hayan subido y estén firmes al tacto. Retíralas del horno, déjalas entibiar unos minutos y déjalas reposar sobre una rejilla hasta que se enfríen completamente.

Topping

1. Mezcla todos los ingredientes excepto el Grand Marnier y las tiras de naranja confitada y bate con ayuda de unas varillas eléctricas durante 1 minuto hasta conseguir una preparación homogénea. Añade el Grand Marnier y sigue batiendo hasta que quede completamente integrado.
2. Dispón esta preparación en una manga y cubre los cupcakes. Espolvoréalos con tiras de naranja confitada antes de servir.

12 cupcakes • Preparación 20 minutos • Cocción 20 minutos

Cupcakes con praliné de nueces

2 huevos
125 g de mantequilla
225 g de azúcar
125 ml de leche
270 g de harina
2 cucharaditas de levadura en polvo
1 cucharada de café
60 g de nueces troceadas

Topping
185 g de azúcar glas
125 g de mantequilla
200 g de azúcar
100 g de nueces troceadas

1. Precalienta el horno a 160 °C. Bate los huevos con el azúcar y la mantequilla, troceada y ablandada, hasta conseguir una mezcla ligera y espumosa.
2. Añade la leche, la harina tamizada con la levadura y el café. Sigue batiendo con ayuda de unas varillas eléctricas durante 2 minutos hasta obtener la textura de una crema ligera. Añade las nueces troceadas y mezcla.
3. Dispón 12 capsulitas de papel rizado en una bandeja refractaria y rellénalas con la preparación anterior. Hornéalas durante 18-20 minutos a 160 °C, hasta que hayan subido y estén firmes al tacto. Retíralas del horno, déjalas entibiar unos minutos y déjalas reposar sobre una rejilla hasta que se enfríen completamente.

Topping

1. Lleva a ebullición el azúcar con 100 ml de agua y deja cocer a fuego lento hasta que tome un color dorado. Añade las nueces troceadas y extiende esta preparación en una superficie aceitada. Deja que se enfríe y corta el praliné en trozos irregulares.
2. Mezcla la mitad de la mantequilla con la mitad del azúcar glas y remueve con ayuda de una cuchara de madera hasta que ambos ingredientes queden totalmente integrados. Añade el resto de mantequilla y azúcar glas y sigue removiendo hasta conseguir una preparación homogénea. Dispón esta preparación en una manga y cubre los cupcakes. Espolvoréalos con el praliné antes de servir.

12 cupcakes • Preparación 12 minutos • Cocción 20 minutos

Cupcakes con café y Amaretto

2 huevos
125 g de mantequilla
225 g de azúcar
125 ml de leche
270 g de harina
2 cucharaditas de levadura en polvo
1 ½ cucharadas de leche en polvo
1 cucharadita de extracto de vainilla
1 cucharada de café liofilizado
2 cucharadas de Amaretto

Topping
185 g de azúcar glas
100 g de mantequilla
35 g de leche en polvo
1 cucharada de café liofilizado
2 cucharadas de leche
4 gotas de extracto de vainilla
2 cucharadas de Amaretto
cacao en polvo para espolvorear

1. Precalienta el horno a 180 °C. Calienta la mantequilla con la mitad de la leche y el extracto de vainilla. Cuando la mantequilla se funda, añade la leche restante, retira del fuego y deja enfriar.
2. Bate los huevos con el azúcar hasta que estén espumosos. Añade el azúcar y la mitad de la preparación anterior. Agrega la harina tamizada con la levadura, el resto de la preparación, la leche en polvo, el café liofilizado y el Amaretto. Sigue batiendo con ayuda de unas varillas eléctricas durante 2 minutos hasta obtener la textura de una crema ligera.
3. Dispón 12 capsulitas de papel rizado en una bandeja refractaria y rellénalas con la preparación anterior. Hornéalas durante 20 minutos a 180 °C, hasta que hayan subido y estén firmes al tacto. Retíralas del horno, déjalas entibiar unos minutos y déjalas reposar sobre una rejilla hasta que se enfríen completamente.

Topping

1. Mezcla todos los ingredientes y bátelos con unas varillas eléctricas a velocidad lenta durante 1 minuto. Sube la velocidad y sigue batiendo durante 5 minutos.
2. Cubre los cupcakes con esta preparación extendiéndola con ayuda del dorso de una cuchara y espolvoréalos con cacao en polvo antes de servir.

12 cupcakes • Preparación 20 minutos • Cocción 20 minutos

Cupcakes de café y brandy

2 huevos
125 g de mantequilla
225 g de azúcar
125 ml de brandy
270 g de harina
2 cucharaditas de levadura en polvo
1 cucharada de café liofilizado

Topping
185 g de azúcar glas
100 g de mantequilla
35 g de leche en polvo
1 cucharada de café liofilizado
2 cucharadas de leche
2 cucharadas de brandy
café liofilizado para espolvorear

1. Precalienta el horno a 180 °C. Calienta la mantequilla con el café liofilizado. Cuando la mantequilla se funda, retira del fuego y deja enfriar.
2. Bate los huevos con el azúcar hasta que estén espumosos. Añade el azúcar, la mitad de la preparación anterior, la mitad de la harina tamizada con la levadura y el brandy. Sigue batiendo con ayuda de unas varillas eléctricas durante 1 minuto. Añade la mantequilla y la harina restantes y sigue batiendo 1 minuto más hasta obtener la textura de una crema ligera.
3. Dispón 12 capsulitas de papel rizado en una bandeja refractaria y rellénalas con la preparación anterior. Hornéalas durante 20 minutos a 180 °C, hasta que hayan subido y estén firmes al tacto. Retíralas del horno, déjalas entibiar unos minutos y déjalas reposar sobre una rejilla hasta que se enfríen completamente.

Topping

1. Mezcla todos los ingredientes excepto el café liofilizado y bátelos con unas varillas eléctricas a velocidad lenta durante 1 minuto. Sube la velocidad y sigue batiendo hasta obtener una mezcla cremosa.
2. Dispón esta preparación en una manga con boquilla ancha rizada y cubre los cupcakes. Espolvoréalos con café liofilizado antes de servir.

12 cupcakes • Preparación 20 minutos • Cocción 20 minutos

Cupcakes de café a la mexicana

2 huevos
125 g de mantequilla
225 g de azúcar
270 g de harina
2 cucharaditas de levadura en polvo
2 cucharadas de café liofilizado
2 cucharadas de cacao en polvo
½ cucharada de extracto de vainilla
60 ml de leche
60 ml de Kahlua o licor de café

Topping
200 ml de nata para montar
250 g de chocolate fondant
1 cucharada de café liofilizado
2 cucharadas de Kahlua o licor de café

1. Precalienta el horno a 180 °C. Bate la mantequilla con el azúcar y el extracto de vainilla con ayuda de unas varillas eléctricas. Añade los huevos y sigue batiendo hasta obtener una preparación esponjosa.
2. Añade la harina tamizada con la levadura, el cacao en polvo, la leche y el licor de café y sigue batiendo hasta que todos los ingredientes estén completamente integrados.
3. Dispón 12 capsulitas de papel rizado en una bandeja refractaria y rellénalas con la preparación anterior. Hornéalas durante 20 minutos a 180 °C, hasta que hayan subido y estén firmes al tacto. Retíralas del horno, déjalas entibiar unos minutos y déjalas reposar sobre una rejilla hasta que se enfríen completamente.

Topping

1. Calienta la nata con el café liofilizado, el licor de café y el chocolate troceado. Cuece a fuego lento y sin dejar de remover hasta que el chocolate se haya fundido.
2. Deja enfriar esta preparación, introdúcela en una manga con boquilla ancha rizada y cubre los cupcakes.

12 cupcakes • Preparación 12 minutos • Cocción 20 minutos

Cupcakes de café con leche

2 huevos
125 g de mantequilla
225 g de azúcar
270 g de harina
2 cucharaditas de levadura en polvo
¼ de cucharadita de extracto de vainilla
60 ml de leche
60 ml de Amaretto

Topping
185 g de azúcar glas
100 g de mantequilla
60 g de leche en polvo
1 cucharada de café liofilizado
2 cucharadas de leche
4 gotas de extracto de vainilla
cacao en polvo para espolvorear

1. Precalienta el horno a 180 °C. Bate la mantequilla con el azúcar y el extracto de vainilla con unas varillas eléctricas. Añade los huevos, de uno en uno, y sigue batiendo.
2. Añade el azúcar, la harina tamizada con la levadura, el café instantáneo y el Amaretto y sigue batiendo 1 minuto más hasta obtener la textura de una crema ligera.
3. Dispón 12 capsulitas de papel rizado en una bandeja refractaria y rellénalas con la preparación anterior. Hornéalas durante 20 minutos a 180 °C, hasta que hayan subido y estén firmes al tacto. Retíralas del horno, déjalas entibiar unos minutos y déjalas reposar sobre una rejilla hasta que se enfríen completamente.

Topping

1. Mezcla todos los ingredientes excepto el café liofilizado y bátelos con unas varillas eléctricas a velocidad lenta durante 1 minuto. Sube la velocidad y sigue batiendo hasta obtener una mezcla cremosa. Mezcla el café liofilizado con una cucharada de agua y añádelo a la mezcla.
2. Dispón esta preparación en una manga con boquilla ancha rizada y cubre los cupcakes. Espolvoréalos con cacao en polvo antes de servir.

12 cupcakes • Preparación 20 minutos • Cocción 20 minutos

mini cupcakes infantiles

Ideas divertidas que se preparan en un momento y que harán las delicias de los más pequeños de la casa. Mini cupcakes con sabores y toppings muy variados, ideales para meriendas y fiestas con niños.

Mini cupcakes de miel con ositos

80 g de mantequilla
200 g de miel
1 huevo
135 g de harina
1 cucharadita de levadura en polvo
80 ml de yogur
½ cucharadita de extracto de vainilla

Topping
80 g de mantequilla
100 g de miel
125 g de azúcar glas
24 galletitas mini de ositos

1. Precalienta el horno a 160 °C. Con ayuda de unas varillas, bate la mantequilla ablandada con la miel hasta obtener una mezcla cremosa. Añade el huevo y sigue batiendo.
2. Añade la harina tamizada con la levadura, el yogur y la vainilla. Sigue batiendo durante 2 minutos hasta obtener la textura de una crema ligera.
3. Dispón 24 mini capsulitas de papel rizado en una bandeja refractaria y rellénalas con la preparación anterior. Hornéalas durante 15 minutos a 160 °C, hasta que hayan subido y estén firmes al tacto. Retíralas del horno, déjalas entibiar unos minutos y déjalas reposar sobre una rejilla hasta que se enfríen completamente.

Topping

1. Con ayuda de las varillas eléctricas, bate la mantequilla ablandada con la miel hasta obtener una mezcla cremosa. Añade el azúcar glas y continúa batiendo durante 1 minuto.
2. Introduce esta preparación en una manga pastelera y cubre los mini cupcakes. Decóralos con galletitas mini de ositos.

24 cupcakes • Preparación 20 minutos • Cocción 20 minutos

Mini cupcakes de hadas

80 g de mantequilla
110 g de azúcar
1 huevo
135 g de harina
1 cucharadita de levadura en polvo
80 ml de leche
½ cucharadita de extracto de vainilla
½ cucharadita de colorante rosa

Topping
125 g de azúcar glas
2 cucharadas de agua caliente
granillo de azúcar de colores para decorar

1. Precalienta el horno a 160 °C. Con ayuda de unas varillas, bate la mantequilla ablandada con el azúcar hasta obtener una mezcla cremosa. Añade el huevo y sigue batiendo.
2. Añade la harina tamizada con la levadura, la leche, la vainilla y el colorante rosa. Sigue batiendo durante 2 minutos hasta obtener la textura de una crema ligera.
3. Dispón 24 mini capsulitas de papel rizado en una bandeja refractaria y rellénalas con la preparación anterior. Hornéalas durante 15 minutos a 160 °C, hasta que hayan subido y estén firmes al tacto. Retíralas del horno, déjalas entibiar unos minutos y déjalas reposar sobre una rejilla hasta que se enfríen completamente.

Topping

1. Mezcla el azúcar glas con el agua caliente hasta obtener una glasa. Cubre los cupcakes con esta glasa y espolvoréalos con granillo de azúcar de colores.

24 cupcakes • Preparación 20 minutos • Cocción 15 minutos

Mini cupcakes de Carnaval

80 g de mantequilla
110 g de azúcar
1 huevo
135 g de harina
1 cucharadita de levadura en polvo
80 ml de leche
½ cucharadita de extracto de vainilla

Topping
80 g de mantequilla
125 g de azúcar glas
mini grageas de chocolate

1. Precalienta el horno a 160 °C. Con ayuda de unas varillas, bate la mantequilla ablandada con el azúcar hasta obtener una mezcla cremosa. Añade el huevo y sigue batiendo.
2. Añade la harina tamizada con la levadura, la leche y el extracto de vainilla. Sigue batiendo durante 2 minutos hasta obtener la textura de una crema ligera.
3. Dispón 24 mini capsulitas de papel rizado en una bandeja refractaria y rellénalas con la preparación anterior. Hornéalas durante 15 minutos a 160 °C, hasta que hayan subido y estén firmes al tacto. Retíralas del horno, déjalas entibiar unos minutos y déjalas reposar sobre una rejilla hasta que se enfríen completamente.

Topping

1. Bate la mantequilla ablandada con ayuda de unas varillas eléctricas. Añade el azúcar y sigue batiendo durante 1 minuto hasta que quede perfectamente integrado. Cubre los cupcakes con esta preparación y decóralos con mini grageas de colores.

24 cupcakes • Preparación 20 minutos • Cocción 15 minutos

Mini cupcakes de gatitos

80 g de mantequilla
110 g de azúcar
1 huevo
135 g de harina
1 cucharadita de levadura en polvo
80 ml de leche
½ cucharadita de extracto de vainilla

Topping
80 g de mantequilla
125 g de azúcar glas
½ cucharadita de colorante amarillo
24 gominolas de gatitos

1. Precalienta el horno a 160 °C. Con ayuda de unas varillas, bate la mantequilla ablandada con el azúcar hasta obtener una mezcla cremosa. Añade el huevo y sigue batiendo.
2. Añade la harina tamizada con la levadura, la leche y el extracto de vainilla. Sigue batiendo durante 2 minutos hasta obtener la textura de una crema ligera.
3. Dispón 24 mini capsulitas de papel rizado en una bandeja refractaria y rellénalas con la preparación anterior. Hornéalas durante 15 minutos a 160 °C, hasta que hayan subido y estén firmes al tacto. Retíralas del horno, déjalas entibiar unos minutos y déjalas reposar sobre una rejilla hasta que se enfríen completamente.

Topping

1. Bate la mantequilla ablandada con ayuda de unas varillas eléctricas. Añade el azúcar glas y el colorante alimentario y sigue batiendo durante 1 minuto hasta que todo quede perfectamente integrado. Cubre los cupcakes con esta preparación y decóralos con gominolas de gatitos.

24 cupcakes • Preparación 20 minutos • Cocción 15 minutos

Mini cupcakes de banana split

80 g de mantequilla
70 g de azúcar moreno
1 huevo
135 g de harina
1 cucharadita de levadura en polvo
80 ml de leche
½ cucharadita de extracto de vainilla

Topping
80 g de mantequilla
125 g de azúcar glas
½ cucharadita de colorante amarillo
2 plátanos
chocolate rallado para decorar

1. Precalienta el horno a 160 °C. Con ayuda de unas varillas, bate la mantequilla ablandada con el azúcar moreno hasta obtener una mezcla cremosa. Añade el huevo y sigue batiendo.
2. Añade la harina tamizada con la levadura, la leche y el extracto de vainilla. Sigue batiendo durante 2 minutos hasta obtener la textura de una crema ligera.
3. Dispón 24 mini capsulitas de papel rizado en una bandeja refractaria y rellénalas con la preparación anterior. Hornéalas durante 15 minutos a 160 °C, hasta que hayan subido y estén firmes al tacto. Retíralas del horno, déjalas entibiar unos minutos y déjalas reposar sobre una rejilla hasta que se enfríen completamente.

Topping

1. Bate la mantequilla ablandada con ayuda de unas varillas eléctricas. Añade el azúcar glas y el colorante alimentario y sigue batiendo durante 1 minuto hasta que todo quede perfectamente integrado. Cubre los cupcakes con esta preparación y decóralos con rodajas de plátano y chocolate rallado.

24 cupcakes • Preparación 20 minutos • Cocción 15 minutos

Mini cupcakes de estrellas mágicas

80 g de mantequilla
110 g de azúcar
1 huevo
135 g de harina
1 cucharadita de levadura en polvo
80 ml de leche
½ cucharadita de extracto de vainilla

Topping
80 g de mantequilla
125 g de azúcar glas
½ cucharadita de colorante lila
estrellitas de azúcar de colores para decorar

1. Precalienta el horno a 160 °C. Con ayuda de unas varillas, bate la mantequilla ablandada con el azúcar hasta obtener una mezcla cremosa. Añade el huevo y sigue batiendo.
2. Añade la harina tamizada con la levadura, la leche y el extracto de vainilla. Sigue batiendo durante 2 minutos hasta obtener la textura de una crema ligera.
3. Dispón 24 mini capsulitas de papel rizado en una bandeja refractaria y rellénalas con la preparación anterior. Hornéalas durante 15 minutos a 160 °C, hasta que hayan subido y estén firmes al tacto. Retíralas del horno, déjalas entibiar unos minutos y déjalas reposar sobre una rejilla hasta que se enfríen completamente.

Topping

1. Bate la mantequilla ablandada con ayuda de unas varillas eléctricas. Añade el azúcar glas y el colorante alimentario y sigue batiendo durante 1 minuto hasta que todo quede perfectamente integrado.
2. Dispón esta preparación en una manga pastelera con boquilla rizada y repártela sobre los cupcakes. Decóralos con estrellitas de azúcar de colores antes de servir.

24 cupcakes • Preparación 20 minutos • Cocción 15 minutos

Mini cupcakes de coches de carreras

80 g de mantequilla
110 g de azúcar moreno
1 huevo
135 g de harina
1 cucharadita de levadura en polvo
80 ml de leche
½ cucharadita de extracto de vainilla

Topping
80 g de mantequilla
125 g de azúcar glas
½ cucharadita de colorante azul
gominolas de coches de carreras para decorar

1. Precalienta el horno a 160 °C. Con ayuda de unas varillas, bate la mantequilla ablandada con el azúcar hasta obtener una mezcla cremosa. Añade el huevo y sigue batiendo.
2. Añade la harina tamizada con la levadura, la leche y el extracto de vainilla. Sigue batiendo durante 2 minutos hasta obtener la textura de una crema ligera.
3. Dispón 24 mini capsulitas de papel rizado en una bandeja refractaria y rellénalas con la preparación anterior. Hornéalas durante 15 minutos a 160 °C, hasta que hayan subido y estén firmes al tacto. Retíralas del horno, déjalas entibiar unos minutos y déjalas reposar sobre una rejilla hasta que se enfríen completamente.

Topping

1. Bate la mantequilla ablandada con ayuda de unas varillas eléctricas. Añade el azúcar glas y el colorante alimentario y sigue batiendo durante 1 minuto hasta que todo quede perfectamente integrado. Cubre los cupcakes con esta preparación y decóralos con gominolas de coches de carreras.

24 cupcakes • Preparación 20 minutos • Cocción 15 minutos

Mini cupcakes con bolitas de chocolate

80 g de mantequilla
110 g de azúcar
1 huevo
135 g de harina
1 cucharadita de levadura en polvo
80 ml de leche
1 cucharada de cacao en polvo
½ cucharadita de extracto de vainilla

Topping
80 g de mantequilla
125 g de azúcar glas
1 cucharada de leche en polvo
24 bolitas de chocolate para decorar

1. Precalienta el horno a 160 °C. Con ayuda de unas varillas, bate la mantequilla ablandada con el azúcar hasta obtener una mezcla cremosa. Añade el huevo y sigue batiendo.
2. Añade la harina tamizada con la levadura, la leche, el cacao en polvo y el extracto de vainilla. Sigue batiendo durante 2 minutos hasta obtener la textura de una crema ligera.
3. Dispón 24 mini capsulitas de papel rizado en una bandeja refractaria y rellénalas con la preparación anterior. Hornéalas durante 15 minutos a 160 °C, hasta que hayan subido y estén firmes al tacto. Retíralas del horno, déjalas entibiar unos minutos y déjalas reposar sobre una rejilla hasta que se enfríen completamente.

Topping

1. Bate la mantequilla ablandada con ayuda de unas varillas eléctricas. Añade el azúcar glas y la leche en polvo y sigue batiendo durante 1 minuto hasta que todo quede perfectamente integrado. Cubre los cupcakes con esta preparación y decóralos con bolitas de chocolate.

24 cupcakes • Preparación 20 minutos • Cocción 15 minutos

Mini cupcakes con letras

80 g de mantequilla
110 g de azúcar
1 huevo
135 g de harina
1 cucharadita de levadura en polvo
80 ml de leche
½ cucharadita de extracto de vainilla
½ taza de uvas pasas

Topping
185 g de azúcar glas
2 cucharadas de agua hirviendo
colorante alimentario amarillo, rojo y azul
75 g de chocolate fondant

1. Precalienta el horno a 160 °C. Con ayuda de unas varillas, bate la mantequilla ablandada con el azúcar hasta obtener una mezcla cremosa. Añade el huevo y sigue batiendo.
2. Añade la harina tamizada con la levadura, la leche y el extracto de vainilla. Sigue batiendo durante 2 minutos hasta obtener la textura de una crema ligera. Añade las uvas pasas picadas y mezcla.
3. Dispón 24 mini capsulitas de papel rizado en una bandeja refractaria y rellénalas con la preparación anterior. Hornéalas durante 15 minutos a 160 °C, hasta que hayan subido y estén firmes al tacto. Retíralas del horno, déjalas entibiar unos minutos y déjalas reposar sobre una rejilla hasta que se enfríen completamente.

Topping

1. Mezcla el azúcar glas con el agua hirviendo hasta conseguir una glasa homogénea. Divide esta glasa en tres partes y añade en cada una de ellas unas gotas de cada uno de los distintos colorantes alimentarios. Con ayuda de una cuchara cubre ocho mini cupcakes con cada una de las glasas de colores.
2. Funde el chocolate al baño María e introdúcelo en una manga con boquilla pequeña lisa. Haz letras con el chocolate sobre los mini cupcakes.

24 cupcakes • Preparación 20 minutos • Cocción 15 minutos

C
D
B
A

Mini cupcakes con ranitas

80 g de mantequilla
110 g de azúcar
1 huevo
135 g de harina
1 cucharadita de levadura en polvo
80 ml de leche
½ cucharadita de extracto de vainilla

Topping
80 g de mantequilla
125 g de azúcar glas
½ cucharadita de colorante verde
24 ranitas de gominola para decorar

1. Precalienta el horno a 160 °C. Con ayuda de unas varillas, bate la mantequilla ablandada con el azúcar hasta obtener una mezcla cremosa. Añade el huevo y sigue batiendo.
2. Añade la harina tamizada con la levadura, la leche y el extracto de vainilla. Sigue batiendo durante 2 minutos hasta obtener la textura de una crema ligera.
3. Dispón 24 mini capsulitas de papel rizado en una bandeja refractaria y rellénalas con la preparación anterior. Hornéalas durante 15 minutos a 160 °C, hasta que hayan subido y estén firmes al tacto. Retíralas del horno, déjalas entibiar unos minutos y déjalas reposar sobre una rejilla hasta que se enfríen completamente.

Topping

1. Bate la mantequilla ablandada con ayuda de unas varillas eléctricas. Añade el azúcar glas y el colorante alimentario y sigue batiendo durante 1 minuto hasta que todo quede perfectamente integrado. Cubre los cupcakes con esta preparación y decóralos con las ranitas de gominola.

24 cupcakes • Preparación 20 minutos • Cocción 15 minutos

Mini cupcakes de fresa y nata

80 g de mantequilla
110 g de azúcar
1 huevo
135 g de harina
1 cucharadita de levadura en polvo
80 ml de leche
½ cucharadita de extracto de vainilla
80 g de fresas

Topping
80 g de mantequilla
125 g de azúcar glas
½ cucharadita de colorante rosa
24 gominolas de fresa y nata para decorar

1. Precalienta el horno a 160 °C. Con ayuda de unas varillas, bate la mantequilla ablandada con el azúcar hasta obtener una mezcla cremosa. Añade el huevo y sigue batiendo.
2. Añade la harina tamizada con la levadura, la leche y el extracto de vainilla. Sigue batiendo durante 2 minutos hasta obtener la textura de una crema ligera. Añade las fresas previamente lavadas, secadas y picadas.
3. Dispón 24 mini capsulitas de papel rizado en una bandeja refractaria y rellénalas con la preparación anterior. Hornéalas durante 15 minutos a 160 °C, hasta que hayan subido y estén firmes al tacto. Retíralas del horno, déjalas entibiar unos minutos y déjalas reposar sobre una rejilla hasta que se enfríen completamente.

Topping

1. Bate la mantequilla ablandada con ayuda de unas varillas eléctricas. Añade el azúcar glas y el colorante alimentario y sigue batiendo durante 1 minuto hasta que todo quede perfectamente integrado. Cubre los cupcakes con esta preparación y decóralos con gominolas de fresa y nata.

24 cupcakes • Preparación 20 minutos • Cocción 15 minutos

mini cupcakes clásicos

Los sabores de toda la vida presentados en pastelitos caprichosos que se devoran en un solo bocado. Fantásticos para todas las ocasiones, irremplazables en las fiestas e imprescindibles en las celebraciones de Pascua y Navidad.

Mini cupcakes de vainilla y frambuesa

80 g de mantequilla
110 g de azúcar
1 huevo
135 g de harina
1 cucharadita de levadura en polvo
80 ml de leche
½ cucharadita de extracto de vainilla
80 g de frambuesas

Topping
80 g de mantequilla
125 g de azúcar glas
1 cucharada de extracto de vainilla
24 frambuesas

1. Precalienta el horno a 160 °C. Con ayuda de unas varillas, bate la mantequilla ablandada con el azúcar hasta obtener una mezcla cremosa. Añade el huevo y sigue batiendo.
2. Añade la harina tamizada con la levadura, la leche y el extracto de vainilla. Sigue batiendo durante 2 minutos hasta obtener la textura de una crema ligera. Añade las frambuesas, previamente aplastadas con un tenedor, y mezcla.
3. Dispón 24 mini capsulitas de papel rizado en una bandeja refractaria y rellénalas con la preparación anterior. Hornéalas durante 15 minutos a 160 °C, hasta que hayan subido y estén firmes al tacto. Retíralas del horno, déjalas entibiar unos minutos y déjalas reposar sobre una rejilla hasta que se enfríen completamente.

Topping

1. Bate la mantequilla ablandada con ayuda de unas varillas eléctricas. Añade gradualmente el azúcar glas y el extracto de vainilla y sigue batiendo durante 1 minuto hasta que todo quede perfectamente integrado.
2. Introduce esta preparación en una manga pastelera con boquilla lisa y cubre los cupcakes. Decóralos con una frambuesa antes de servir.

24 mini cupcakes • Preparación 20 minutos • Cocción 15 minutos

Mini cupcakes de caramelo y nueces

80 g de mantequilla
70 g de azúcar moreno
1 huevo
135 g de harina
1 cucharadita de levadura en polvo
80 ml de leche
½ cucharadita de extracto de vainilla
65 g de nueces picadas

Topping
175 g de caramelo para topping
24 nueces para decorar

1. Precalienta el horno a 160 °C. Con ayuda de unas varillas, bate la mantequilla ablandada con el azúcar moreno hasta obtener una mezcla cremosa. Añade el huevo y sigue batiendo.
2. Añade la harina tamizada con la levadura, la leche y el extracto de vainilla. Sigue batiendo durante 2 minutos hasta obtener la textura de una crema ligera. Añade las nueces picadas y mezcla.
3. Dispón 24 mini capsulitas de papel rizado en una bandeja refractaria y rellénalas con la preparación anterior. Hornéalas durante 15 minutos a 160 °C, hasta que hayan subido y estén firmes al tacto. Retíralas del horno, déjalas entibiar unos minutos y déjalas reposar sobre una rejilla hasta que se enfríen completamente.

Topping

1. Cubre los mini cupcakes con topping de caramelo y decóralos con media nuez.

24 mini cupcakes • Preparación 20 minutos • Cocción 15 minutos

Mini cupcakes de plátano y fruta de la pasión

80 g de mantequilla
110 g de azúcar
1 huevo
135 g de harina
1 cucharadita de levadura en polvo
80 ml de leche
60 g de plátano, pelado y triturado
60 g de pulpa de fruta de la pasión

Topping
250 ml de nata montada
fruta de la pasión para decorar
rodajas de plátano para decorar

1. Precalienta el horno a 160 °C. Con ayuda de unas varillas, bate la mantequilla ablandada con el azúcar hasta obtener una mezcla cremosa. Añade el huevo y sigue batiendo.
2. Añade la harina tamizada con la levadura, la leche, el plátano triturado y la pulpa de fruta de la pasión colada. Sigue batiendo durante 2 minutos hasta obtener la textura de una crema ligera.
3. Dispón 24 mini capsulitas de papel rizado en una bandeja refractaria y rellénalas con la preparación anterior. Hornéalas durante 15 minutos a 160 °C, hasta que hayan subido y estén firmes al tacto. Retíralas del horno, déjalas entibiar unos minutos y déjalas reposar sobre una rejilla hasta que se enfríen completamente.

Topping

1. Dispón la nata montada en una manga pastelera con boquilla lisa y decora la superficie de los mini cupcakes. Cúbrelos con una rodajita de plátano y decóralos en el último momento con unas gotas de pulpa de fruta de la pasión.

24 mini cupcakes • Preparación 20 minutos • Cocción 15 minutos

Mini cupcakes de cheesecake y limón

80 g de mantequilla
110 g de azúcar
1 huevo
135 g de harina
1 cucharadita de levadura en polvo
80 ml de leche
2 cucharadas de mermelada de limón (lemon curd)
1 cucharadita de ralladura de limón

Topping
75 g de queso fresco de untar
125 g de azúcar glas
1 cucharadita de ralladura de limón
mermelada de limón (lemon curd) para decorar

1. Precalienta el horno a 160 °C. Con ayuda de unas varillas, bate la mantequilla ablandada con el azúcar hasta obtener una mezcla cremosa. Añade el huevo y sigue batiendo.
2. Añade la harina tamizada con la levadura, la leche, la mermelada y la ralladura de limón. Sigue batiendo durante 2 minutos hasta obtener la textura de una crema ligera.
3. Dispón 24 mini capsulitas de papel rizado en una bandeja refractaria y rellénalas con la preparación anterior. Hornéalas durante 15 minutos a 160 °C, hasta que hayan subido y estén firmes al tacto. Retíralas del horno, déjalas entibiar unos minutos y déjalas reposar sobre una rejilla hasta que se enfríen completamente.

Topping

1. Bate el queso con ayuda de unas varillas eléctricas. Añade gradualmente el azúcar glas y la ralladura de limón y sigue batiendo durante 1 minuto hasta que todo quede perfectamente integrado.
2. Introduce esta preparación en una manga pastelera con boquilla lisa y cubre los cupcakes. Decóralos con un poquito de mermelada de limón y sírvelos.

24 mini cupcakes • Preparación 20 minutos • Cocción 15 minutos

Mini cupcakes de manzana

80 g de mantequilla
70 g de azúcar moreno
1 huevo
135 g de harina
1 cucharadita de levadura en polvo
80 ml de leche
½ cucharadita de canela
100 g de manzana rallada

Topping
100 g de manzana cortada en daditos
1 cucharada de azúcar moreno
½ cucharadita de canela

1. Precalienta el horno a 160 °C. Con ayuda de unas varillas, bate la mantequilla ablandada con el azúcar moreno hasta obtener una mezcla cremosa. Añade el huevo y sigue batiendo.
2. Añade la harina tamizada con la levadura, la leche y la canela. Sigue batiendo durante 2 minutos hasta obtener la textura de una crema ligera. Añade la manzana rallada y mezcla.
3. Dispón 24 mini capsulitas de papel rizado en una bandeja refractaria y rellénalas con la preparación anterior. Mezcla los daditos de manzana del topping con el azúcar moreno y la canela y espolvorea los minicupcakes con esta preparación.
4. Hornea los minicupcakes durante 15 minutos a 160 °C, hasta que hayan subido y estén firmes al tacto. Retíralos del horno, déjalos entibiar unos minutos y déjalos reposar sobre una rejilla hasta que se enfríen completamente.

24 mini cupcakes • Preparación 20 minutos • Cocción 15 minutos

Mini cupcakes de nubes fundidas

80 g de mantequilla
110 g de azúcar
1 huevo
135 g de harina
1 cucharadita de levadura en polvo
80 ml de leche
½ cucharadita de extracto de vainilla

Topping
80 g de mantequilla
125 g de azúcar glas
30 g de nubes mini
coco rallado para decorar

1. Precalienta el horno a 160 °C. Con ayuda de unas varillas, bate la mantequilla ablandada con el azúcar hasta obtener una mezcla cremosa. Añade el huevo y sigue batiendo.
2. Añade la harina tamizada con la levadura, la leche y el extracto de vainilla. Sigue batiendo durante 2 minutos hasta obtener la textura de una crema ligera.
3. Dispón 24 mini capsulitas de papel rizado en una bandeja refractaria y rellénalas con la preparación anterior. Hornéalas durante 15 minutos a 160 °C, hasta que hayan subido y estén firmes al tacto. Retíralas del horno, déjalas entibiar unos minutos y déjalas reposar sobre una rejilla hasta que se enfríen completamente.

Topping

1. Bate la mantequilla ablandada con ayuda de unas varillas eléctricas. Añade gradualmente el azúcar glas y sigue batiendo durante 1 minuto hasta que todo quede perfectamente integrado. Añade las nubes mini picadas y mezcla.
2. Cubre los cupcakes con la preparación anterior y espolvoréalos con coco rallado antes de servir.

24 mini cupcakes • Preparación 20 minutos • Cocción 15 minutos

Mini cupcakes **románticos**

80 g de mantequilla
110 g de azúcar
1 huevo
135 g de harina
1 cucharadita de levadura en polvo
80 ml de leche
½ cucharadita de extracto de vainilla
½ cucharadita de colorante rosa

Topping
75 ml de nata líquida
150 g de chocolate blanco
corazones de azúcar para decorar

1. Precalienta el horno a 160 °C. Con ayuda de unas varillas, bate la mantequilla ablandada con el azúcar hasta obtener una mezcla cremosa. Añade el huevo y sigue batiendo.
2. Añade la harina tamizada con la levadura, la leche, el extracto de vainilla y el colorante rosa. Sigue batiendo durante 2 minutos hasta obtener la textura de una crema ligera.
3. Dispón 24 mini capsulitas de papel rizado en una bandeja refractaria y rellénalas con la preparación anterior. Hornéalas durante 15 minutos a 160 °C, hasta que hayan subido y estén firmes al tacto. Retíralas del horno, déjalas entibiar unos minutos y déjalas reposar sobre una rejilla hasta que se enfríen completamente.

Topping

1. Funde el chocolate blanco troceado en una cazuela a fuego muy lento o al baño María junto con la nata líquida. Deja que se enfríe y móntalo con ayuda de unas varillas.
2. Introduce esta preparación en una manga pastelera con boquilla lisa y cubre los cupcakes. Decóralos con corazoncitos de azúcar antes de servir.

24 mini cupcakes • Preparación 20 minutos • Cocción 15 minutos

Mini cupcakes del árbol de Navidad

80 g de mantequilla
110 g de azúcar
1 huevo
135 g de harina
1 cucharadita de levadura en polvo
80 ml de leche
1 cucharada de cacao en polvo
½ cucharadita de extracto de vainilla

Topping
80 g de mantequilla
125 g de azúcar glas
colorante alimentario verde
coco rallado para decorar

1. Precalienta el horno a 160 °C. Con ayuda de unas varillas, bate la mantequilla ablandada con el azúcar hasta obtener una mezcla cremosa. Añade el huevo y sigue batiendo.
2. Añade la harina tamizada con la levadura, la leche, el cacao y el extracto de vainilla. Sigue batiendo durante 2 minutos hasta obtener la textura de una crema ligera.
3. Dispón 24 mini capsulitas de papel rizado en una bandeja refractaria y rellénalas con la preparación anterior. Hornéalas durante 15 minutos a 160 °C, hasta que hayan subido y estén firmes al tacto. Retíralas del horno, déjalas entibiar unos minutos y déjalas reposar sobre una rejilla hasta que se enfríen completamente.

Topping

1. Bate la mantequilla ablandada con ayuda de unas varillas eléctricas. Añade gradualmente el azúcar glas y el colorante alimentario y sigue batiendo durante 1 minuto hasta que todo quede perfectamente integrado.
2. Introduce esta preparación en una manga pastelera con boquilla rizada y cubre los cupcakes formando un árbol de Navidad. Espolvoréalos con una pizca de coco rallado antes de servir.

24 mini cupcakes • Preparación 20 minutos • Cocción 15 minutos

Mini cupcakes de Pascua

80 g de mantequilla
110 g de azúcar
1 huevo
135 g de harina
1 cucharadita de levadura en polvo
80 ml de leche
½ cucharadita de extracto de vainilla
75 g de chocolate fondant

Topping
80 g de mantequilla
125 g de azúcar glas
1 cucharada de cacao en polvo
72 huevitos mini de azúcar de colores

1. Precalienta el horno a 160 °C. Con ayuda de unas varillas, bate la mantequilla ablandada con el azúcar hasta obtener una mezcla cremosa. Añade el huevo y sigue batiendo.
2. Añade la harina tamizada con la levadura, la leche y el extracto de vainilla. Sigue batiendo durante 2 minutos hasta obtener la textura de una crema ligera. Añade el chocolate finamente picado y mezcla.
3. Dispón 24 mini capsulitas de papel rizado en una bandeja refractaria y rellénalas con la preparación anterior. Hornéalas durante 15 minutos a 160 °C, hasta que hayan subido y estén firmes al tacto. Retíralas del horno, déjalas entibiar unos minutos y déjalas reposar sobre una rejilla hasta que se enfríen completamente.

Topping

1. Bate la mantequilla ablandada con ayuda de unas varillas eléctricas. Añade gradualmente el azúcar glas y el cacao en polvo y sigue batiendo durante 1 minuto hasta que todo quede perfectamente integrado.
2. Cubre los cupcakes con la preparación anterior y decóralos con tres mini huevitos de Pascua de colores diferentes.

24 mini cupcakes • Preparación 20 minutos • Cocción 15 minutos

Mini cupcakes de coco

80 g de mantequilla
110 g de azúcar
1 huevo
135 g de harina
1 cucharadita de levadura en polvo
80 ml de leche de coco
½ cucharadita de extracto de vainilla
45 g de coco rallado

Topping
185 g de azúcar glas
2 cucharadas de agua caliente
unas gotas de colorante alimentario rosa
20 g de coco rallado

1. Precalienta el horno a 160 °C. Con ayuda de unas varillas, bate la mantequilla ablandada con el azúcar hasta obtener una mezcla cremosa. Añade el huevo y sigue batiendo.
2. Añade la harina tamizada con la levadura, la leche de coco y el extracto de vainilla. Sigue batiendo durante 2 minutos hasta obtener la textura de una crema ligera. Añade el coco rallado y mezcla.
3. Dispón 24 mini capsulitas de papel rizado en una bandeja refractaria y rellénalas con la preparación anterior. Hornéalas durante 15 minutos a 160 °C, hasta que hayan subido y estén firmes al tacto. Retíralas del horno, déjalas entibiar unos minutos y déjalas reposar sobre una rejilla hasta que se enfríen completamente.

Topping

1. Mezcla el azúcar glas con dos cucharadas de agua caliente para obtener una glasa. Añade unas gotas de colorante rosa y el coco rallado y remueve hasta que queden totalmente integrados. Cubre los mini cupcakes con esta glasa.

24 mini cupcakes • Preparación 20 minutos • Cocción 15 minutos

mini cupcakes rápidos y fáciles

No hay nada más fácil que hacer una bandeja de atractivos y apetecibles cupcakes. La masa se prepara con los ojos cerrados y en un momento están listos para que puedas decorarlos con los toppings más originales usando al máximo toda tu imaginación.

Mini cupcakes de fresa

80 g de mantequilla
110 g de azúcar
1 huevo
135 g de harina
1 cucharadita de levadura en polvo
80 ml de leche
½ cucharadita de extracto de vainilla
80 g de fresas

Topping
185 g de azúcar glas
2 cucharadas de agua caliente
unas gotas de colorante alimentario rosa
fresas para decorar

1. Precalienta el horno a 160 °C. Con ayuda de unas varillas, bate la mantequilla ablandada con el azúcar hasta obtener una mezcla cremosa. Añade el huevo y sigue batiendo.
2. Añade la harina tamizada con la levadura, la leche y el extracto de vainilla. Sigue batiendo durante 2 minutos hasta obtener la textura de una crema ligera. Añade las fresas, previamente cortadas en trocitos, y mezcla.
3. Dispón 24 mini capsulitas de papel rizado en una bandeja refractaria y rellénalas con la preparación anterior. Hornéalas durante 15 minutos a 160 °C, hasta que hayan subido y estén firmes al tacto. Retíralas del horno, déjalas entibiar unos minutos y déjalas reposar sobre una rejilla hasta que se enfríen completamente.

Topping

1. Mezcla el azúcar glas con dos cucharadas de agua caliente para obtener una glasa. Añade unas gotas de colorante rosa y remueve hasta que quede totalmente integrado. Cubre los mini cupcakes con esta glasa y decóralos con láminas de fresa.

24 mini cupcakes • Preparación 20 minutos • Cocción 15 minutos

Mini cupcakes de limón

80 g de mantequilla
110 g de azúcar
1 huevo
135 g de harina
1 cucharadita de levadura en polvo
80 ml de leche
1 cucharadita de ralladura de limón

Topping
185 g de azúcar glas
2 cucharadas de agua caliente

1. Precalienta el horno a 160 °C. Con ayuda de unas varillas, bate la mantequilla ablandada con el azúcar hasta obtener una mezcla cremosa. Añade el huevo y sigue batiendo.
2. Añade la harina tamizada con la levadura y la leche. Sigue batiendo durante 2 minutos hasta obtener la textura de una crema ligera. Añade la ralladura de limón y mezcla.
3. Dispón 24 mini capsulitas de papel rizado en una bandeja refractaria y rellénalas con la preparación anterior. Hornéalas durante 15 minutos a 160 °C, hasta que hayan subido y estén firmes al tacto. Retíralas del horno, déjalas entibiar unos minutos y déjalas reposar sobre una rejilla hasta que se enfríen completamente.

Topping

1. Mezcla el azúcar glas con dos cucharadas de agua caliente para obtener una glasa. Cubre los mini cupcakes con esta glasa.

24 mini cupcakes • Preparación 20 minutos • Cocción 15 minutos

Mini cupcakes **Lamington**

80 g de mantequilla
110 g de azúcar
1 huevo
135 g de harina
1 cucharadita de levadura en polvo
80 ml de leche
½ cucharadita de extracto de vainilla

Topping
185 g de azúcar glas
2 cucharadas de cacao en polvo
2 cucharadas de agua caliente
coco rallado para decorar

1. Precalienta el horno a 160 °C. Con ayuda de unas varillas, bate la mantequilla ablandada con el azúcar hasta obtener una mezcla cremosa. Añade el huevo y sigue batiendo.
2. Añade la harina tamizada con la levadura, la leche y el extracto de vainilla. Sigue batiendo durante 2 minutos hasta obtener la textura de una crema ligera.
3. Dispón 24 mini capsulitas de papel rizado en una bandeja refractaria y rellénalas con la preparación anterior. Hornéalas durante 15 minutos a 160 °C, hasta que hayan subido y estén firmes al tacto. Retíralas del horno, déjalas entibiar unos minutos y déjalas reposar sobre una rejilla hasta que se enfríen completamente.

Topping

1. Mezcla el azúcar glas con el cacao y dos cucharadas de agua caliente para obtener una glasa. Cubre los mini cupcakes con esta glasa y espolvoréalos con coco rallado.

24 mini cupcakes • Preparación 20 minutos • Cocción 15 minutos

Mini cupcakes de café y nueces

80 g de mantequilla
110 g de azúcar
1 huevo
135 g de harina
1 cucharadita de levadura en polvo
80 ml de leche
½ cucharadita de extracto de vainilla
60 g de nueces picadas

Topping
80 g de mantequilla
1 cucharadita de café instantáneo
125 g de azúcar glas
nueces fileteadas para decorar

1. Precalienta el horno a 160 °C. Con ayuda de unas varillas, bate la mantequilla ablandada con el azúcar hasta obtener una mezcla cremosa. Añade el huevo y sigue batiendo.
2. Añade la harina tamizada con la levadura, la leche y el extracto de vainilla. Sigue batiendo durante 2 minutos hasta obtener la textura de una crema ligera. Añade las nueces picadas y mezcla.
3. Dispón 24 mini capsulitas de papel rizado en una bandeja refractaria y rellénalas con la preparación anterior. Hornéalas durante 15 minutos a 160 °C, hasta que hayan subido y estén firmes al tacto. Retíralas del horno, déjalas entibiar unos minutos y déjalas reposar sobre una rejilla hasta que se enfríen completamente.

Topping

1. Bate la mantequilla ablandada con ayuda de unas varillas eléctricas. Añade gradualmente el azúcar glas y el café instantáneo y sigue batiendo durante 1 minuto hasta que todo quede perfectamente integrado.
2. Introduce esta preparación en una manga pastelera con boquilla rizada y cubre los mini cupcakes. Decóralos con nueces laminadas antes de servir.

24 mini cupcakes • Preparación 20 minutos • Cocción 15 minutos

Mini cupcakes de vainilla

80 g de mantequilla
110 g de azúcar
1 huevo
135 g de harina
1 cucharadita de levadura en polvo
80 ml de leche
½ cucharadita de extracto de vainilla

Topping
80 g de mantequilla
1 cucharadita de extracto de vainilla
125 g de azúcar glas

1. Precalienta el horno a 160 °C. Con ayuda de unas varillas, bate la mantequilla ablandada con el azúcar hasta obtener una mezcla cremosa. Añade el huevo y sigue batiendo.
2. Añade la harina tamizada con la levadura, la leche y el extracto de vainilla. Sigue batiendo durante 2 minutos hasta obtener la textura de una crema ligera.
3. Dispón 24 mini capsulitas de papel rizado en una bandeja refractaria y rellénalas con la preparación anterior. Hornéalas durante 15 minutos a 160 °C, hasta que hayan subido y estén firmes al tacto. Retíralas del horno, déjalas entibiar unos minutos y déjalas reposar sobre una rejilla hasta que se enfríen completamente.

Topping

1. Bate la mantequilla ablandada con ayuda de unas varillas eléctricas. Añade gradualmente el azúcar glas y el extracto de vainilla y sigue batiendo durante 1 minuto hasta que todo quede perfectamente integrado.
2. Introduce esta preparación en una manga pastelera con boquilla rizada y cubre los mini cupcakes.

24 mini cupcakes • Preparación 20 minutos • Cocción 15 minutos

Mini cupcakes de limón y merengue

80 g de mantequilla
110 g de azúcar
1 huevo
135 g de harina
1 cucharadita de levadura en polvo
80 ml de leche
1 cucharadita de ralladura de limón

Topping
150 g de mermelada de limón (lemon curd)
24 mini merengues para decorar

1. Precalienta el horno a 160 °C. Con ayuda de unas varillas, bate la mantequilla ablandada con el azúcar hasta obtener una mezcla cremosa. Añade el huevo y sigue batiendo.
2. Añade la harina tamizada con la levadura, la leche y la ralladura de limón. Sigue batiendo durante 2 minutos hasta obtener la textura de una crema ligera.
3. Dispón 24 mini capsulitas de papel rizado en una bandeja refractaria y rellénalas con la preparación anterior. Hornéalas durante 15 minutos a 160 °C, hasta que hayan subido y estén firmes al tacto. Retíralas del horno, déjalas entibiar unos minutos y déjalas reposar sobre una rejilla hasta que se enfríen completamente.

Topping

1. Cubre los mini cupcakes con una cucharada de mermelada de limón y decóralos con un mini merengue en el momento de servir.

24 mini cupcakes • Preparación 20 minutos • Cocción 15 minutos

Mini cupcakes de coco y lima

80 g de mantequilla
110 g de azúcar
1 huevo
135 g de harina
1 cucharadita de levadura en polvo
80 ml de leche
½ cucharadita de ralladura de lima
45 g de coco rallado

Topping
125 g de azúcar glas
2 cucharadas de zumo de lima
1 cucharadita de ralladura de lima
unas gotas de colorante alimentario verde
coco rallado para decorar

1. Precalienta el horno a 160 °C. Con ayuda de unas varillas, bate la mantequilla ablandada con el azúcar hasta obtener una mezcla cremosa. Añade el huevo y sigue batiendo.
2. Añade la harina tamizada con la levadura, la leche y la ralladura de lima. Sigue batiendo durante 2 minutos hasta obtener la textura de una crema ligera. Añade el coco rallado y mezcla.
3. Dispón 24 mini capsulitas de papel rizado en una bandeja refractaria y rellénalas con la preparación anterior. Hornéalas durante 15 minutos a 160 °C, hasta que hayan subido y estén firmes al tacto. Retíralas del horno, déjalas entibiar unos minutos y déjalas reposar sobre una rejilla hasta que se enfríen completamente.

Topping

1. Mezcla el azúcar glas con la ralladura y dos cucharadas de zumo de lima para obtener una glasa. Añade unas gotas de colorante verde y remueve hasta que quede totalmente integrado. Cubre los mini cupcakes con esta glasa y espolvoréalos con coco rallado.

24 mini cupcakes • Preparación 20 minutos • Cocción 15 minutos

Mini cupcakes de chocolate rápidos

80 g de mantequilla
110 g de azúcar
1 huevo
135 g de harina
1 cucharadita de levadura en polvo
80 ml de leche
½ cucharadita de extracto de vainilla
2 cucharadas de cacao en polvo

Topping
75 ml de nata líquida
150 g de chocolate fondant

1. Precalienta el horno a 160 °C. Con ayuda de unas varillas, bate la mantequilla ablandada con el azúcar hasta obtener una mezcla cremosa. Añade el huevo y sigue batiendo.
2. Añade la harina tamizada con la levadura, la leche, el cacao en polvo y el extracto de vainilla. Sigue batiendo durante 2 minutos hasta obtener la textura de una crema ligera.
3. Dispón 24 mini capsulitas de papel rizado en una bandeja refractaria y rellénalas con la preparación anterior. Hornéalas durante 15 minutos a 160 °C, hasta que hayan subido y estén firmes al tacto. Retíralas del horno, déjalas entibiar unos minutos y déjalas reposar sobre una rejilla hasta que se enfríen completamente.

Topping

1. Funde el chocolate troceado a fuego muy lento o al baño María en una cazuelita con la nata líquida. Deja enfriar y cubre los mini cupcakes con esta preparación.

24 mini cupcakes • Preparación 20 minutos • Cocción 15 minutos

Mini cupcakes de frutos rojos

80 g de mantequilla
110 g de azúcar
1 huevo
135 g de harina
1 cucharadita de levadura en polvo
80 ml de leche
½ cucharadita de extracto de vainilla
65 g de frutos rojos congelados

Topping
65 g de frutos rojos
2 cucharadas de azúcar glas
250 ml de nata para montar

1. Precalienta el horno a 160 °C. Con ayuda de unas varillas, bate la mantequilla ablandada con el azúcar hasta obtener una mezcla cremosa. Añade el huevo y sigue batiendo.
2. Añade la harina tamizada con la levadura, la leche y el extracto de vainilla. Sigue batiendo durante 2 minutos hasta obtener la textura de una crema ligera. Añade los frutos rojos, previamente cortados en trocitos, y mezcla.
3. Dispón 24 mini capsulitas de papel rizado en una bandeja refractaria y rellénalas con la preparación anterior. Hornéalas durante 15 minutos a 160 °C, hasta que hayan subido y estén firmes al tacto. Retíralas del horno, déjalas entibiar unos minutos y déjalas reposar sobre una rejilla hasta que se enfríen completamente.

Topping

1. Tritura los frutos rojos con el azúcar glas. Mezcla esta preparación con la nata montada y cubre los mini cupcakes en el momento de servir.

24 mini cupcakes • Preparación 20 minutos • Cocción 15 minutos

Mini cupcakes de naranja y pasas

80 g de mantequilla
110 g de azúcar
1 huevo
135 g de harina
1 cucharadita de levadura en polvo
80 ml de zumo de naranja
1 cucharada de ralladura de naranja
100 g de pasas sultanas

Topping
185 g de azúcar glas
2 cucharadas de agua caliente
1 cucharadita de ralladura de naranja
pasas sultanas para decorar

1. Precalienta el horno a 160 °C. Con ayuda de unas varillas, bate la mantequilla ablandada con el azúcar hasta obtener una mezcla cremosa. Añade el huevo y sigue batiendo.
2. Añade la harina tamizada con la levadura, el zumo de naranja y la ralladura. Sigue batiendo durante 2 minutos hasta obtener la textura de una crema ligera. Añade las pasas sultanas y mezcla.
3. Dispón 24 mini capsulitas de papel rizado en una bandeja refractaria y rellénalas con la preparación anterior. Hornéalas durante 15 minutos a 160 °C, hasta que hayan subido y estén firmes al tacto. Retíralas del horno, déjalas entibiar unos minutos y déjalas reposar sobre una rejilla hasta que se enfríen completamente.

Topping

1. Mezcla el azúcar glas con dos cucharadas de agua caliente para obtener una glasa. Añade la ralladura de naranja y remueve hasta que quede totalmente integrada. Cubre los mini cupcakes con esta glasa y decóralos con uvas pasas.

24 mini cupcakes • Preparación 20 minutos • Cocción 15 minutos

Mini cupcakes de canela y jengibre

80 g de mantequilla
110 g de azúcar
1 huevo
135 g de harina
1 cucharadita de levadura en polvo
80 ml de leche
½ cucharadita de canela en polvo
½ cucharadita de jengibre en polvo

Topping
80 g de mantequilla
125 g de azúcar glas
canela y jengibre en polvo

1. Precalienta el horno a 160 °C. Con ayuda de unas varillas, bate la mantequilla ablandada con el azúcar hasta obtener una mezcla cremosa. Añade el huevo y sigue batiendo.
2. Añade la harina tamizada con la levadura, la leche, la canela y el jengibre en polvo. Sigue batiendo durante 2 minutos hasta obtener la textura de una crema ligera.
3. Dispón 24 mini capsulitas de papel rizado en una bandeja refractaria y rellénalas con la preparación anterior. Hornéalas durante 15 minutos a 160 °C, hasta que hayan subido y estén firmes al tacto. Retíralas del horno, déjalas entibiar unos minutos y déjalas reposar sobre una rejilla hasta que se enfríen completamente.

Topping

1. Bate la mantequilla ablandada con ayuda de unas varillas eléctricas. Añade gradualmente el azúcar glas y sigue batiendo durante 1 minuto hasta que todo quede perfectamente integrado.
2. Introduce esta preparación en una manga pastelera con boquilla lisa y cubre los cupcakes. Espolvoréalos con una pizca de canela y jengibre en polvo antes de servir.

24 mini cupcakes • Preparación 20 minutos • Cocción 15 minutos

cupcakes de chocolate

Nuevas ideas para dar un aire diferente a tus cupcakes con chocolate. Sugerencias tentadoras que se convertirán en las especialidades favoritas de la familia y los amigos en las celebraciones más especiales, en las cenas más románticas o en los momentos más deliciosos del fin de semana.

Cupcakes de garnache al limón

2 huevos
125 g de mantequilla
225 g de azúcar
125 ml de leche
270 g de harina
2 cucharaditas de levadura en polvo
1 cucharadita de extracto de vainilla
100 g de chocolate fondant, picado
1 cucharada de cacao en polvo
1 cucharadita de extracto de limón

Topping
100 g de chocolate fondant
20 g de mantequilla
80 ml de nata líquida
1 cucharadita de extracto de limón
tiras de limón confitado para decorar

1. Precalienta el horno a 160 °C. Bate los huevos con el azúcar y la mantequilla, troceada y ablandada, hasta conseguir una mezcla ligera y espumosa.
2. Añade la leche, la harina tamizada con la levadura y la vainilla y mezcla. Añade el resto de ingredientes y sigue batiendo con ayuda de unas varillas eléctricas durante 2 minutos hasta obtener la textura de una crema ligera.
3. Dispón 12 capsulitas de papel rizado en una bandeja refractaria y rellénalas con la preparación anterior. Hornéalas durante 18-20 minutos a 160 °C, hasta que hayan subido y estén firmes al tacto. Retíralas del horno, déjalas entibiar unos minutos y déjalas reposar sobre una rejilla hasta que se enfríen completamente.

Topping

1. Funde el chocolate picado con la mantequilla en un recipiente al baño María. Retira del fuego y añade la nata y el extracto de limón. Deja enfriar para que espese.
2. Introduce esta preparación en una manga pastelera con boquilla pequeña lisa y forma espirales en la superficie de los cupcakes. Decóralos con tiras finas de limón confitado.

12 cupcakes • Preparación 12 minutos • Cocción 20 minutos

Cupcakes de dos chocolates

2 huevos
125 g de mantequilla
225 g de azúcar
125 ml de leche
270 g de harina
2 cucharaditas de levadura en polvo
100 g de chocolate fondant, picado
1 cucharada de cacao en polvo

Topping
100 g de chocolate blanco, picado
20 g de mantequilla
80 ml de nata para montar
1 cucharadita de azúcar glas
virutas de chocolate negro para decorar

1. Precalienta el horno a 160 °C. Bate los huevos con el azúcar y la mantequilla, troceada y ablandada, hasta conseguir una mezcla ligera y espumosa.
2. Añade la leche y la harina tamizada con la levadura. Añade el chocolate picado y el cacao en polvo y sigue batiendo con ayuda de unas varillas eléctricas durante 2 minutos hasta obtener la textura de una crema ligera.
3. Dispón 12 capsulitas de papel rizado en una bandeja refractaria y rellénalas con la preparación anterior. Hornéalas durante 18-20 minutos a 160 °C, hasta que hayan subido y estén firmes al tacto. Retíralas del horno, déjalas entibiar unos minutos y déjalas reposar sobre una rejilla hasta que se enfríen completamente.

Topping

1. Funde el chocolate blanco picado con la mantequilla en un recipiente al baño María. Retira del fuego y añade la nata y el azúcar glas. Mezcla y deja enfriar para que espese.
2. Cubre los cupcakes con la preparación anterior y espolvoréalos con virutas de chocolate negro antes de servir.

12 cupcakes • Preparación 12 minutos • Cocción 20 minutos

Cupcakes de chocolate malteado

2 huevos
125 g de mantequilla
225 g de azúcar
125 ml de leche
270 g de harina
2 cucharaditas de levadura en polvo
½ cucharadita de extracto de vainilla
2 cucharadas de cacao en polvo

Topping
70 g de chocolate fondant, picado
100 g de mantequilla
80 ml de nata líquida para montar
185 g de azúcar glas
1 cucharadita de extracto de vainilla
75 g de bolas de chocolate malteadas

1. Precalienta el horno a 160 °C. Bate los huevos con el azúcar y la mantequilla, troceada y ablandada, hasta conseguir una mezcla ligera y espumosa.
2. Añade la leche, el extracto de vainilla y la harina tamizada con la levadura. Añade luego el cacao en polvo y sigue batiendo con ayuda de unas varillas eléctricas durante 2 minutos hasta obtener la textura de una crema ligera.
3. Dispón 12 capsulitas de papel rizado en una bandeja refractaria y rellénalas con la preparación anterior. Hornéalas durante 18-20 minutos a 160 °C, hasta que hayan subido y estén firmes al tacto. Retíralas del horno, déjalas entibiar unos minutos y déjalas reposar sobre una rejilla hasta que se enfríen completamente.

Topping

1. Funde el chocolate picado con la mitad de la mantequilla en un recipiente al baño María. Retira del fuego y añade la nata y el azúcar glas. Mezcla y deja enfriar para que espese.
2. Mezcla la mantequilla restante con el azúcar glas y el extracto de vainilla. Añade la preparación anterior y remueve hasta que quede todo bien integrado. Cubre los cupcakes con esta mezcla y espolvoréalos con las bolas de chocolate malteadas picadas groseramente.

12 cupcakes • Preparación 12 minutos • Cocción 20 minutos

Cupcakes de chocolate

2 huevos
125 g de mantequilla
225 g de azúcar
65 ml de nata líquida
60 ml de leche
270 g de harina
2 cucharaditas de levadura en polvo
100 g de chocolate fondant, picado
1 cucharada de cacao en polvo

Topping
185 g de azúcar glas
100 g de mantequilla
2 cucharadas de cacao en polvo
flores de azúcar para decorar

1. Precalienta el horno a 160 °C. Bate los huevos con el azúcar y la mantequilla, troceada y ablandada, hasta conseguir una mezcla ligera y espumosa.
2. Añade la leche, la nata líquida y la harina tamizada con la levadura. Añade el chocolate picado y el cacao en polvo y sigue batiendo con ayuda de unas varillas eléctricas durante 2 minutos hasta obtener la textura de una crema ligera.
3. Dispón 12 capsulitas de papel en una bandeja refractaria y rellénalas con la preparación anterior. Hornéalas durante 18-20 minutos a 160 °C, hasta que hayan subido y estén firmes al tacto. Retíralas del horno, déjalas entibiar unos minutos y déjalas reposar sobre una rejilla hasta que se enfríen completamente.

Topping

1. Mezcla la mitad del azúcar glas con la mitad de la mantequilla y remueve con una cuchara de madera. Luego, añade el azúcar glas y la mantequilla restantes, el cacao y sigue removiendo hasta que quede todo bien integrado.
2. Cubre los cupcakes con la preparación anterior, dales forma piramidal con ayuda de una espátula y decóralos con flores de azúcar antes de servir.

12 cupcakes • Preparación 15 minutos • Cocción 20 minutos

Cupcakes de chocolate y jarabe de arce

2 huevos
125 g de mantequilla
225 g de azúcar
125 ml de leche
270 g de harina
2 cucharaditas de levadura en polvo
100 g de chocolate fondant, picado
1 cucharada de cacao en polvo
190 g de jarabe de arce

Topping
100 g de mantequilla
2 cucharadas de cacao en polvo
185 g de azúcar glas
85 g de jarabe de arce

1. Precalienta el horno a 160 °C. Bate los huevos con el azúcar y la mantequilla, troceada y ablandada, hasta conseguir una mezcla ligera y espumosa.
2. Añade la leche y la harina tamizada con la levadura. Añade el resto de ingredientes y sigue batiendo con ayuda de unas varillas eléctricas durante 2 minutos hasta obtener la textura de una crema ligera.
3. Dispón 12 capsulitas de papel rizado en una bandeja refractaria y rellénalas con la preparación anterior. Hornéalas durante 18-20 minutos a 160 °C, hasta que hayan subido y estén firmes al tacto. Retíralas del horno, déjalas entibiar unos minutos y déjalas reposar sobre una rejilla hasta que se enfríen completamente.

Topping

1. Mezcla todos los ingredientes con una cuchara de madera hasta obtener una preparación homogénea.
2. Introduce esta preparación en una manga pastelera con boquilla pequeña lisa y forma abanicos en la superficie de los cupcakes.

12 cupcakes • Preparación 12 minutos • Cocción 20 minutos

Cupcakes con chips de chocolate blanco

2 huevos
125 g de mantequilla
225 g de azúcar
125 ml de leche
270 g de harina
2 cucharaditas de levadura en polvo
1 cucharadita de extracto de vainilla
75 g de chips de chocolate blanco
1 cucharada de cacao en polvo

Topping
75 g de chocolate con leche, picado
100 g de mantequilla
80 ml de nata para montar
185 g de azúcar glas
1 cucharadita de extracto de vainilla
150 g de chips de chocolate blanco

1. Precalienta el horno a 160 °C. Bate los huevos con el azúcar y la mantequilla, troceada y ablandada, hasta conseguir una mezcla ligera y espumosa.
2. Añade la leche, la harina tamizada con la levadura, el cacao en polvo y la vainilla. Sigue batiendo con ayuda de unas varillas eléctricas durante 2 minutos hasta obtener la textura de una crema ligera. Añade los chips de chocolate blanco y mezcla.
3. Dispón 12 capsulitas de papel rizado en una bandeja refractaria y rellénalas con la preparación anterior. Hornéalas durante 18-20 minutos a 160 °C, hasta que hayan subido y estén firmes al tacto. Retíralas del horno, déjalas entibiar unos minutos y déjalas reposar sobre una rejilla hasta que se enfríen completamente.

Topping

1. Funde el chocolate con leche picado con la mitad de la mantequilla en un recipiente al baño María. Retira del fuego y añade la nata. Mezcla y deja enfriar para que espese.
2. Mezcla la mantequilla restante con el azúcar glas, el extracto de vainilla y la mitad de los chips de chocolate blanco. Añade la preparación anterior y remueve hasta que quede todo bien integrado. Cubre los cupcakes y espolvoréalos con los chips de chocolate blanco restantes antes de servir.

12 cupcakes • Preparación 12 minutos • Cocción 20 minutos

Cupcakes de trufa de chocolate

2 huevos
125 g de mantequilla
225 g de azúcar
110 g de yogur natural
270 g de harina
2 cucharaditas de levadura en polvo
1 cucharadita de extracto de vainilla
1 cucharada de cacao en polvo
100 g de chocolate fondant

Topping
100 g de chocolate fondant
20 g de mantequilla
80 ml de nata montada
cacao en polvo

1. Precalienta el horno a 160 °C. Bate los huevos con el azúcar y la mantequilla, troceada y ablandada, hasta conseguir una mezcla ligera y espumosa.
2. Añade el yogur, el extracto de vainilla, la harina tamizada con la levadura y el cacao en polvo. Sigue batiendo con ayuda de unas varillas eléctricas durante 2 minutos hasta obtener la textura de una crema ligera. Añade el chocolate picado y mezcla.
3. Dispón 12 capsulitas de papel rizado en una bandeja refractaria y rellénalas con la preparación anterior. Hornéalas durante 18-20 minutos a 160 °C, hasta que hayan subido y estén firmes al tacto. Retíralas del horno, déjalas entibiar unos minutos y déjalas reposar sobre una rejilla hasta que se enfríen completamente.

Topping

1. Funde el chocolate con la mantequilla al baño María, removiendo constantemente. Retira del fuego, deja entibiar e incorpora la nata montada. Deja enfriar para que espese.
2. Introduce esta preparación en una manga pastelera con boquilla rizada y repártela sobre los cupcakes. Espolvoréalos con cacao en polvo antes de servir.

12 cupcakes • Preparación 12 minutos • Cocción 20 minutos

Cupcakes de chocolate y guindas

2 huevos
125 g de mantequilla
225 g de azúcar
125 ml de leche
270 g de harina
2 cucharaditas de levadura en polvo
1 cucharadita de extracto de vainilla
1 cucharada de cacao en polvo

Topping
75 g de chocolate con leche, picado
125 g de mantequilla
80 ml de nata para montar
185 g de azúcar glas
1 cucharadita de extracto de vainilla
80 g de guindas picadas
12 guindas enteras para decorar

1. Precalienta el horno a 160 °C. Bate los huevos con el azúcar y la mantequilla, troceada y ablandada, hasta conseguir una mezcla ligera y espumosa.
2. Añade la leche, la harina tamizada con la levadura, el extracto de vainilla y el cacao en polvo y sigue batiendo con ayuda de unas varillas eléctricas durante 2 minutos hasta obtener la textura de una crema ligera.
3. Dispón 12 capsulitas de papel rizado en una bandeja refractaria y rellénalas con la preparación anterior. Hornéalas durante 18-20 minutos a 160 °C, hasta que hayan subido y estén firmes al tacto. Retíralas del horno, déjalas entibiar unos minutos y déjalas reposar sobre una rejilla hasta que se enfríen completamente.

Topping

1. Funde el chocolate picado con la mitad de la mantequilla en un recipiente al baño María. Retira del fuego y añade la nata. Mezcla y deja enfriar para que espese.
2. Mezcla la mantequilla restante con el azúcar glas y el extracto de vainilla. Añade la preparación anterior y las guindas picadas y remueve hasta que todos los ingredientes queden integrados. Cubre los cupcakes formando una pequeña pirámide con ayuda de una espátula y decóralos con las guindas enteras.

12 cupcakes • Preparación 12 minutos • Cocción 20 minutos

Cupcakes de delicias turcas

2 huevos
125 g de mantequilla
225 g de azúcar
125 ml de leche
270 g de harina
2 cucharaditas de levadura en polvo
1 cucharadita de extracto de vainilla
1 cucharada de cacao en polvo
12 piezas de delicias turcas u otras frutas confitadas

Topping
125 g de mantequilla
185 g de azúcar glas
2 cucharadas de cacao en polvo
delicias turcas o frutas confitadas troceadas para decorar

1. Precalienta el horno a 160 °C. Bate los huevos con el azúcar y la mantequilla, troceada y ablandada, hasta conseguir una mezcla ligera y espumosa.
2. Añade la leche, la harina tamizada con la levadura, el extracto de vainilla y el cacao en polvo y sigue batiendo con ayuda de unas varillas eléctricas durante 2 minutos hasta obtener la textura de una crema ligera.
3. Dispón 12 capsulitas de papel rizado en una bandeja refractaria y rellénalas con la preparación anterior, disponiendo una delicia turca en el interior de cada capsulita. Hornéalas durante 18-20 minutos a 160 °C, hasta que hayan subido y estén firmes al tacto. Retíralas del horno, déjalas entibiar unos minutos y déjalas reposar sobre una rejilla hasta que se enfríen completamente.

Topping

1. Mezcla la mantequilla con la mitad del azúcar glas. Remueve con una cuchara de madera y añade el cacao en polvo y el azúcar glas restante.
2. Con ayuda de una espátula, reparte esta preparación sobre la superficie de los cupcakes. Decóralos con delicias turcas o frutas confitadas troceadas, espolvoréalos con una pizca de cacao en polvo y sirve.

12 cupcakes • Preparación 12 minutos • Cocción 20 minutos

Cupcakes con chocolate y chile picante

2 huevos
125 g de mantequilla
225 g de azúcar
125 ml de leche
270 g de harina
2 cucharaditas de levadura en polvo
1 cucharadita de extracto de vainilla
1 cucharada de cacao en polvo
100 g de chocolate fondant
1 cucharadita de canela
2 chiles picantes o guindillas pequeñas

Topping
100 g de chocolate fondant
20 g de mantequilla
80 ml de nata para montar
agua de infusión de los chiles
canela para espolvorear

1. Precalienta el horno a 160 °C. Corta los chiles por la mitad longitudinalmente y extrae las semillitas del interior. Escáldalos con 60 ml de agua hirviendo, tapa y deja en infusión durante 10 minutos. Bate los huevos con el azúcar y la mantequilla, troceada y ablandada, hasta conseguir una mezcla ligera y espumosa.
2. Añade la leche, la harina tamizada con la levadura, el extracto de vainilla, el chocolate picado, el cacao en polvo, la canela y la mitad del agua de infusión de los chiles y sigue batiendo con ayuda de unas varillas eléctricas durante 2 minutos hasta obtener la textura de una crema ligera.
3. Dispón 12 capsulitas de papel rizado en una bandeja refractaria y rellénalas con la preparación anterior. Hornéalas durante 18-20 minutos a 160 °C, hasta que hayan subido y estén firmes al tacto. Retíralas del horno, déjalas entibiar unos minutos y déjalas reposar sobre una rejilla hasta que se enfríen completamente.

Topping

1. Funde el chocolate picado con la mitad de la mantequilla en un recipiente al baño María. Retira del fuego y añade la nata y el agua restante de la infusión de chiles. Mezcla y deja enfriar para que espese.
2. Dispón la preparación anterior en una manga pastelera con boquilla pequeña lisa y forma espirales sobre la superficie de los cupcakes. Espolvoréalos con canela picada y sirve.

12 cupcakes • Preparación 12 minutos • Cocción 20 minutos

Cupcakes con chocolate y nueces

3 huevos
125 g de mantequilla
225 g de azúcar
125 ml de leche
200 g de harina
2 cucharaditas de levadura en polvo
1 cucharadita de extracto de vainilla
1 cucharada de cacao en polvo
60 g de nueces picadas

Topping
110 g de azúcar
100 g de chocolate fondant
20 g de mantequilla
80 ml de nata líquida
125 g de azúcar glas
1 cucharada de cacao en polvo
60 g de nueces picadas

1. Precalienta el horno a 160 °C. Bate los huevos con el azúcar y la mantequilla, troceada y ablandada, hasta conseguir una mezcla ligera y espumosa.
2. Añade la leche, la harina tamizada con la levadura, el extracto de vainilla y el cacao en polvo y sigue batiendo con ayuda de unas varillas eléctricas durante 2 minutos hasta obtener la textura de una crema ligera. Añade las nueces picadas y mezcla.
3. Dispón 12 capsulitas de papel rizado en una bandeja refractaria y rellénalas con la preparación anterior. Hornéalas durante 18-20 minutos a 160 °C, hasta que hayan subido y estén firmes al tacto. Retíralas del horno, déjalas entibiar unos minutos y déjalas reposar sobre una rejilla hasta que se enfríen completamente.

Topping

1. Prepara un caramelo con el azúcar y déjalo endurecer sobre un papel de horno. Funde el chocolate picado con la mantequilla en un recipiente al baño María. Retira del fuego y añade la nata. Mezcla y deja enfriar para que espese.
2. Mezcla el azúcar glas y el cacao con la crema de chocolate anterior y cubre los cupcakes con ayuda del dorso de una cuchara o con una espátula. Decóralos con trocitos de caramelo y nueces picadas y sirve.

12 cupcakes • Preparación 12 minutos • Cocción 20 minutos

Mini cupcakes rojos y blancos

80 g de mantequilla
110 g de azúcar
1 huevo
135 g de harina
1 cucharadita de levadura en polvo
80 ml de leche
½ cucharadita de extracto de vainilla
½ cucharada de colorante rojo
½ cucharada de cacao en polvo
½ cucharadita de vinagre

Topping
125 g de azúcar glas
80 g de queso fresco de untar
1 cucharadita de extracto de vainilla

1. Precalienta el horno a 160 °C. Con ayuda de unas varillas, bate la mantequilla ablandada con el azúcar hasta obtener una mezcla cremosa. Añade el huevo y sigue batiendo.
2. Añade la harina tamizada con la levadura, la leche, la vainilla, el cacao, el vinagre y el colorante rojo. Sigue batiendo durante 2 minutos hasta obtener la textura de una crema ligera.
3. Dispón 24 mini capsulitas de papel rizado en una bandeja refractaria y rellénalas con la preparación anterior. Hornéalas durante 15 minutos a 160 °C, hasta que hayan subido y estén firmes al tacto. Retíralas del horno, déjalas entibiar unos minutos y déjalas reposar sobre una rejilla hasta que se enfríen completamente.

Topping

1. Con ayuda de unas varillas eléctricas, bate el queso fresco con el extracto de vainilla y añade gradualmente el azúcar glas hasta obtener una crema. Cubre los cupcakes con esta crema y sirve.

24 mini cupcakes • Preparación 20 minutos • Cocción 15 minutos

Mini cupcakes de moka

80 g de mantequilla
110 g de azúcar
1 huevo
135 g de harina
1 cucharadita de levadura en polvo
80 ml de leche
½ cucharadita de extracto de vainilla
1 cucharadita de café liofilizado
1 cucharada de cacao en polvo

Topping
125 g de azúcar glas
80 g de mantequilla
1 cucharadita de café liofilizado
chocolate rallado para espolvorear

1. Precalienta el horno a 160 °C. Con ayuda de unas varillas, bate la mantequilla ablandada con el azúcar hasta obtener una mezcla cremosa. Añade el huevo y sigue batiendo.
2. Añade la harina tamizada con la levadura, la leche, la vainilla, el café liofilizado y el cacao. Sigue batiendo durante 2 minutos hasta obtener la textura de una crema ligera.
3. Dispón 24 mini capsulitas de papel rizado en una bandeja refractaria y rellénalas con la preparación anterior. Hornéalas durante 15 minutos a 160 °C, hasta que hayan subido y estén firmes al tacto. Retíralas del horno, déjalas entibiar unos minutos y déjalas reposar sobre una rejilla hasta que se enfríen completamente.

Topping

1. Con ayuda de unas varillas eléctricas, bate la mantequilla con el café liofilizado hasta obtener una crema. Añade gradualmente el azúcar glas y sigue batiendo durante 1 minuto.
2. Dispón esta crema en una manga pastelera con boquilla rizada pequeña y cubre los mini cupcakes. Espolvoréalos con chocolate rallado y sirve.

24 mini cupcakes • Preparación 20 minutos • Cocción 15 minutos

Mini cupcakes de chocolate y menta

80 g de mantequilla
110 g de azúcar
1 huevo
135 g de harina
1 cucharadita de levadura en polvo
80 ml de leche
1 cucharada de cacao en polvo
½ cucharadita de extracto de menta

Topping
150 g de chocolate con leche
250 ml de nata líquida
caramelos de menta para decorar

1. Precalienta el horno a 160 °C. Con ayuda de unas varillas, bate la mantequilla ablandada con el azúcar hasta obtener una mezcla cremosa. Añade el huevo y sigue batiendo.
2. Añade la harina tamizada con la levadura, la leche, el cacao y el extracto de menta. Sigue batiendo durante 2 minutos hasta obtener la textura de una crema ligera.
3. Dispón 24 mini capsulitas de papel rizado en una bandeja refractaria y rellénalas con la preparación anterior. Hornéalas durante 15 minutos a 160 °C, hasta que hayan subido y estén firmes al tacto. Retíralas del horno, déjalas entibiar unos minutos y déjalas reposar sobre una rejilla hasta que se enfríen completamente.

Topping

1. Funde el chocolate picado con la nata en una cazuelita al baño María. Retira del fuego y deja entibiar para que espese. Cubre los mini cupcakes con esta preparación y espolvoréalos con trocitos de chocolate y caramelos de menta picados.

24 mini cupcakes • Preparación 20 minutos • Cocción 15 minutos

Mini cupcakes de chocolate y naranja

80 g de mantequilla
110 g de azúcar
1 huevo
135 g de harina
1 cucharadita de levadura en polvo
80 ml de zumo de naranja
1 cucharada de cacao en polvo
1 cucharadita de ralladura de naranja

Topping
125 g de azúcar glas
80 g de mantequilla
1 cucharada de cacao en polvo
naranja confitada para decorar

1. Precalienta el horno a 160 °C. Con ayuda de unas varillas, bate la mantequilla ablandada con el azúcar hasta obtener una mezcla cremosa. Añade el huevo y sigue batiendo.
2. Añade la harina tamizada con la levadura, el zumo de naranja, la ralladura y el cacao. Sigue batiendo durante 2 minutos hasta obtener la textura de una crema ligera.
3. Dispón 24 mini capsulitas de papel rizado en una bandeja refractaria y rellénalas con la preparación anterior. Hornéalas durante 15 minutos a 160 °C, hasta que hayan subido y estén firmes al tacto. Retíralas del horno, déjalas entibiar unos minutos y déjalas reposar sobre una rejilla hasta que se enfríen completamente.

Topping

1. Con ayuda de unas varillas eléctricas, bate la mantequilla hasta obtener una crema. Añade gradualmente el azúcar glas y el cacao en polvo y sigue batiendo durante 1 minuto. Dispón esta preparación en una manga pastelera con boquilla lisa pequeña y cubre los mini cupcakes. Decóralos con tiras de naranja confitada y sirve.

24 mini cupcakes • Preparación 20 minutos • Cocción 15 minutos

Mini cupcakes de chocolate blanco

80 g de mantequilla
110 g de azúcar
1 huevo
135 g de harina
1 cucharadita de levadura en polvo
80 ml de leche
½ cucharadita de extracto de vainilla
75 g de chocolate blanco picado

Topping
150 g de chocolate blanco
60 ml de nata líquida
chocolate blanco rallado para decorar

1. Precalienta el horno a 160 °C. Con ayuda de unas varillas, bate la mantequilla ablandada con el azúcar hasta obtener una mezcla cremosa. Añade el huevo y sigue batiendo.
2. Añade la harina tamizada con la levadura, la leche y la vainilla. Sigue batiendo durante 2 minutos hasta obtener la textura de una crema ligera. Añade el chocolate blanco picado y mezcla.
3. Dispón 24 mini capsulitas de papel rizado en una bandeja refractaria y rellénalas con la preparación anterior. Hornéalas durante 15 minutos a 160 °C, hasta que hayan subido y estén firmes al tacto. Retíralas del horno, déjalas entibiar unos minutos y déjalas reposar sobre una rejilla hasta que se enfríen completamente.

Topping

1. Funde el chocolate blanco con la nata en una cazuelita al baño maría. Deja que se enfríe para que espese y cubre los mini cupcakes. Espolvoréalos con chocolate blanco rallado y sirve.

24 mini cupcakes • Preparación 20 minutos • Cocción 15 minutos

Mini cupcakes de chocolate nougat

80 g de mantequilla
200 g de miel
1 huevo
135 g de harina
1 cucharadita de levadura en polvo
80 ml de leche
1 cucharada de cacao en polvo
60 g de almendras picadas

Topping
125 g de azúcar glas
80 g de mantequilla
1 cucharada de cacao en polvo
turrón de Alicante o nougat picado para decorar

1. Precalienta el horno a 160 °C. Con ayuda de unas varillas, bate la mantequilla ablandada con el azúcar hasta obtener una mezcla cremosa. Añade el huevo y sigue batiendo.
2. Añade la harina tamizada con la levadura, la leche, la vainilla y el cacao. Sigue batiendo durante 2 minutos hasta obtener la textura de una crema ligera. Añade las almendras picadas y mezcla.
3. Dispón 24 mini capsulitas de papel rizado en una bandeja refractaria y rellénalas con la preparación anterior. Hornéalas durante 15 minutos a 160 °C, hasta que hayan subido y estén firmes al tacto. Retíralas del horno, déjalas entibiar unos minutos y déjalas reposar sobre una rejilla hasta que se enfríen completamente.

Topping

1. Con ayuda de unas varillas eléctricas, bate la mantequilla hasta obtener una crema. Añade gradualmente el azúcar glas y el cacao en polvo y sigue batiendo durante 1 minuto. Dispón esta preparación en una manga pastelera con boquilla rizada pequeña y cubre los mini cupcakes. Espolvoréalos con trocitos de turrón de Alicante o nougat y sirve.

24 mini cupcakes • Preparación 20 minutos • Cocción 15 minutos

Mini cupcakes con coco y guindas

80 g de mantequilla
110 g de azúcar
1 huevo
135 g de harina
85 ml de leche
1 cucharadita de levadura en polvo
1 cucharadita de extracto de vainilla
50 g de guindas picadas
25 g de coco rallado

Topping
150 g de chocolate fondant
65 ml de nata líquida
guindas para decorar
coco rallado para decorar

1. Precalienta el horno a 160 °C. Con ayuda de unas varillas eléctricas, mezcla la mantequilla, troceada y ablandada, con el azúcar hasta obtener una preparación homogénea. Añade el huevo y sigue batiendo.
2. Agrega la harina tamizada con la levadura, la leche y el extracto de vainilla. Sigue batiendo hasta que todos los ingredientes queden completamente integrados. Añade las guindas picadas y el coco rallado y mezcla.
3. Reparte la preparación en 24 capsulitas mini de papel rizado. Hornea a 160 °C de 10 a 15 minutos, hasta que hayan subido y estén firmes al tacto. Retíralas del horno, déjalas entibiar unos minutos y déjalas reposar sobre una rejilla hasta que se enfríen completamente.

Topping

1. Funde el chocolate troceado con la nata líquida en un recipiente al baño María. Deja entibiar y cubre los mini cupcakes con esta preparación. Espolvoréalos con coco rallado y decóralos con una guinda.

24 mini cupcakes • Preparación 20 minutos • Cocción 20 minutos

Mini cupcakes de chocolate y fresa

80 g de mantequilla
110 g de azúcar
1 huevo
135 g de harina
1 cucharadita de levadura en polvo
80 ml de leche
½ cucharadita de extracto de vainilla
40 g de chips de chocolate
35 g de fresas frescas

Topping
125 g de azúcar glas
80 g de mantequilla
1 cucharada de cacao en polvo
fresas para decorar

1. Precalienta el horno a 160 °C. Con ayuda de unas varillas, bate la mantequilla ablandada con el azúcar hasta obtener una mezcla cremosa. Añade el huevo y sigue batiendo.
2. Añade la harina tamizada con la levadura, la leche y la vainilla. Sigue batiendo durante 2 minutos hasta obtener la textura de una crema ligera. Añade las fresas picadas y los chips de chocolate y mezcla.
3. Dispón 24 mini capsulitas de papel rizado en una bandeja refractaria y rellénalas con la preparación anterior. Hornéalas durante 15 minutos a 160 °C, hasta que hayan subido y estén firmes al tacto. Retíralas del horno, déjalas entibiar unos minutos y déjalas reposar sobre una rejilla hasta que se enfríen completamente.

Topping

1. Con ayuda de unas varillas eléctricas, bate la mantequilla hasta obtener una crema. Añade gradualmente el azúcar glas y el cacao en polvo y sigue batiendo durante 1 minuto. Dispón esta preparación en una manga pastelera con boquilla rizada pequeña y cubre los mini cupcakes. Decóralos en el último momento con fresas frescas laminadas y sírvelos enseguida.

24 mini cupcakes • Preparación 20 minutos • Cocción 15 minutos

Mini cupcakes de chocolate y avellanas

80 g de mantequilla
200 g de miel
1 huevo
135 g de harina
1 cucharadita de levadura en polvo
80 ml de leche
½ cucharadita de extracto de vainilla
35 g de avellanas tostadas picadas
35 g de chips de chocolate

Topping
200 g de crema de chocolate y avellanas
avellanas picadas para decorar
chocolate rallado para decorar

1. Precalienta el horno a 160 °C. Con ayuda de unas varillas, bate la mantequilla ablandada con el azúcar hasta obtener una mezcla cremosa. Añade el huevo y sigue batiendo.
2. Añade la harina tamizada con la levadura, la leche y la vainilla. Sigue batiendo durante 2 minutos hasta obtener la textura de una crema ligera. Añade las avellanas picadas y los chips de chocolate y mezcla.
3. Dispón 24 mini capsulitas de papel rizado en una bandeja refractaria y rellénalas con la preparación anterior. Hornéalas durante 15 minutos a 160 °C, hasta que hayan subido y estén firmes al tacto. Retíralas del horno, déjalas entibiar unos minutos y déjalas reposar sobre una rejilla hasta que se enfríen completamente.

Topping

1. Unta la crema de chocolate y avellanas sobre los mini cupcakes y espolvoréalos con avellanas picadas y chocolate rallado antes de servir.

24 mini cupcakes • Preparación 20 minutos • Cocción 15 minutos

Mini cupcakes **Hokey pokey**

80 g de mantequilla
110 g de azúcar
1 huevo
135 g de harina
1 cucharadita de levadura en polvo
80 ml de leche
½ cucharadita de extracto de vainilla
60 g de chips de chocolate

Topping
125 g de azúcar glas
80 g de mantequilla
1 cucharada de cacao en polvo
barritas de chocolate y miel para decorar

1. Precalienta el horno a 160 °C. Con ayuda de unas varillas, bate la mantequilla ablandada con el azúcar hasta obtener una mezcla cremosa. Añade el huevo y sigue batiendo.
2. Añade la harina tamizada con la levadura, la leche y la vainilla. Sigue batiendo durante 2 minutos hasta obtener la textura de una crema ligera. Añade los chips de chocolate y mezcla.
3. Dispón 24 mini capsulitas de papel rizado en una bandeja refractaria y rellénalas con la preparación anterior. Hornéalas durante 15 minutos a 160 °C, hasta que hayan subido y estén firmes al tacto. Retíralas del horno, déjalas entibiar unos minutos y déjalas reposar sobre una rejilla hasta que se enfríen completamente.

Topping

1. Con ayuda de unas varillas eléctricas, bate la mantequilla hasta obtener una crema. Añade gradualmente el azúcar glas y el cacao en polvo y sigue batiendo durante 1 minuto. Dispón esta preparación en una manga pastelera con boquilla lisa pequeña y cubre los mini cupcakes. Espolvoréalos con barritas de chocolate y miel picadas y sirve.

24 mini cupcakes • Preparación 20 minutos • Cocción 15 minutos

Mini cupcakes de chocolate y caramelo

80 g de mantequilla
200 g de miel
1 huevo
135 g de harina
1 cucharadita de levadura en polvo
80 ml de leche
2 cucharadas de cacao en polvo
60 g de chips de chocolate blanco

Topping
200 ml de caramelo para topping
virutas de chocolate para decorar

1. Precalienta el horno a 160 °C. Con ayuda de unas varillas, bate la mantequilla ablandada con el azúcar hasta obtener una mezcla cremosa. Añade el huevo y sigue batiendo.
2. Añade la harina tamizada con la levadura, la leche y el cacao. Sigue batiendo durante 2 minutos hasta obtener la textura de una crema ligera. Añade los chips de chocolate blanco y mezcla.
3. Dispón 24 mini capsulitas de papel rizado en una bandeja refractaria y rellénalas con la preparación anterior. Hornéalas durante 15 minutos a 160 °C, hasta que hayan subido y estén firmes al tacto. Retíralas del horno, déjalas entibiar unos minutos y déjalas reposar sobre una rejilla hasta que se enfríen completamente.

Topping

1. Haz virutas de chocolate raspando la tableta con ayuda de un pelador de verduras. Cubre los mini cupcakes con el caramelo y espolvoréalos con las virutas de chocolate antes de servir.

24 mini cupcakes • Preparación 20 minutos • Cocción 15 minutos

cupcakes de frutas y frutos secos

Inspiraciones variadas para todas las estaciones del año. Almendras, avellanas, dátiles, nueces, pistachos... Los frutos secos nos enamoran. Frutas como peras, manzanas, albaricoques, frambuesas o arándanos se convierten en los protagonistas de deliciosos cupcakes que nos recuerdan el paso de las estaciones.

Cupcakes de coco y frambuesas

2 huevos
125 g de mantequilla
225 g de azúcar
125 ml de leche
270 g de harina
2 cucharaditas de levadura en polvo
2 cucharadas de licor de frambuesa
30 g de coco rallado

Topping
125 g de azúcar glas
2 cucharadas de azúcar
1 barqueta de frambuesas
coco rallado para decorar

1. Precalienta el horno a 160 °C. Bate los huevos con el azúcar y la mantequilla, troceada y ablandada, hasta conseguir una mezcla ligera y espumosa.
2. Añade la leche, la harina tamizada con la levadura, el licor de frambuesa y el coco rallado y mezcla. Sigue batiendo con ayuda de unas varillas eléctricas durante 2 minutos hasta obtener la textura de una crema ligera.
3. Dispón 12 capsulitas de papel rizado en una bandeja refractaria y rellénalas con la preparación anterior. Hornéalas durante 18-20 minutos a 160 °C, hasta que hayan subido y estén firmes al tacto. Retíralas del horno, déjalas entibiar unos minutos y déjalas reposar sobre una rejilla hasta que se enfríen completamente.

Topping

1. Mezcla el azúcar glas con el agua en un bol hasta obtener la textura de una glasa. Cubre los cupcakes con esta glasa y decóralos con frambuesas y coco rallado antes de servir.

12 cupcakes • Preparación 12 minutos • Cocción 20 minutos

Cupcakes de limón y fruta de la pasión

2 huevos
125 g de mantequilla
225 g de azúcar
125 ml de yogur natural
270 g de harina
2 cucharaditas de levadura en polvo
1 cucharadita de extracto de vainilla
2 frutas de la pasión
1 cucharadita de ralladura de limón

Topping
2 frutas de la pasión
125 g de mermelada de limón (lemon curd)

1. Precalienta el horno a 160 °C. Bate los huevos con el azúcar y la mantequilla, troceada y ablandada, hasta conseguir una mezcla ligera y espumosa.
2. Añade el yogur, la harina tamizada con la levadura y la vainilla y mezcla. Añade la pulpa de las frutas de la pasión y la ralladura de limón y sigue batiendo con ayuda de unas varillas eléctricas durante 2 minutos hasta obtener la textura de una crema ligera.
3. Dispón 12 capsulitas de papel rizado en una bandeja refractaria y rellénalas con la preparación anterior. Hornéalas durante 18-20 minutos a 160 °C, hasta que hayan subido y estén firmes al tacto. Retíralas del horno, déjalas entibiar unos minutos y déjalas reposar sobre una rejilla hasta que se enfríen completamente.

Topping

1. Calienta ligeramente la mermelada hasta que esté fluida y mézclala con la pulpa de las frutas de la pasión. Cubre los cupcakes con esta preparación en el momento de servir.

12 cupcakes • Preparación 12 minutos • Cocción 20 minutos

Cupcakes de limón y semillas de amapola

2 huevos
125 g de mantequilla
225 g de azúcar
125 ml de yogur griego
270 g de harina
2 cucharaditas de levadura en polvo
ralladura de 2 limones
zumo de 1 limón
1 cucharadita de semillas de amapola

Topping
185 g de azúcar glas
125 g de mantequilla
zumo de 1 limón
½ cucharadita de semillas de amapola
ralladura de 1 limón
50 g de tiras de limón confitado

1. Precalienta el horno a 160 °C. Bate los huevos con el azúcar y la mantequilla, troceada y ablandada, hasta conseguir una mezcla ligera y espumosa.
2. Añade el yogur, el zumo de limón, la harina tamizada con la levadura y la ralladura de los limones y mezcla. Sigue batiendo con ayuda de unas varillas eléctricas durante 2 minutos hasta obtener la textura de una crema ligera. Añade las semillas de amapola y mezcla.
3. Dispón 12 capsulitas de papel rizado en una bandeja refractaria y rellénalas con la preparación anterior. Hornéalas durante 18-20 minutos a 160 °C, hasta que hayan subido y estén firmes al tacto. Retíralas del horno, déjalas entibiar unos minutos y déjalas reposar sobre una rejilla hasta que se enfríen completamente.

Topping

1. Mezcla todos los ingredientes del topping excepto las tiras de limón confitado y remueve para que queden bien integrados.
2. Cubre los cupcakes con esta preparación y decóralos con las tiras de limón confitado.

12 cupcakes • Preparación 12 minutos • Cocción 20 minutos

Cupcakes de frambuesa

2 huevos
125 g de mantequilla
225 g de azúcar
125 ml de leche
270 g de harina
2 cucharaditas de levadura en polvo
1 cucharadita de extracto de vainilla
65 g de frambuesas troceadas

Topping
185 g de azúcar glas
125 g de mantequilla
frambuesas azucaradas para decorar

1. Precalienta el horno a 160 °C. Bate los huevos con el azúcar y la mantequilla, troceada y ablandada, hasta conseguir una mezcla ligera y espumosa.
2. Añade la leche, el extracto de vainilla y la harina tamizada con la levadura y sigue batiendo con ayuda de unas varillas eléctricas durante 2 minutos, hasta obtener la textura de una crema ligera. Añade las frambuesas troceadas y mezcla.
3. Dispón 12 capsulitas de papel rizado en una bandeja refractaria y rellénalas con la preparación anterior. Hornéalas durante 18-20 minutos a 160 °C hasta que hayan subido y estén firmes al tacto. Retíralas del horno, déjalas entibiar unos minutos y déjalas reposar sobre una rejilla hasta que se enfríen completamente.

Topping

1. Mezcla la mantequilla, troceada y ablandada, con el azúcar glas removiendo, primero con una cuchara de madera y luego con unas varillas, hasta obtener una crema ligera.
2. Dispón la crema obtenida en una manga pastelera con boquilla rizada mediana. Reparte la crema sobre los cupcakes, decóralos con una frambuesa azucarada y sírvelos enseguida.

Para preparar las frambuesas azucaradas, pincela las frutas con clara de huevo ligeramente batida y luego rebózalas en un platito con azúcar.

12 cupcakes • Preparación 12 minutos • Cocción 20 minutos

Cupcakes de pera y canela

2 huevos
125 g de mantequilla
225 g de azúcar
125 ml de leche
270 g de harina
2 cucharaditas de levadura en polvo
1 pera cortada en daditos muy pequeños
zumo de 1 limón
1 cucharada de canela

Topping
185 g de azúcar glas
125 g de mantequilla
1 cucharada de canela en polvo

1. Precalienta el horno a 160 °C. Bate los huevos con el azúcar y la mantequilla, troceada y ablandada, hasta conseguir una mezcla ligera y espumosa.
2. Añade la leche, el zumo de limón, la harina tamizada con la levadura y la canela y sigue batiendo con ayuda de unas varillas eléctricas durante 2 minutos, hasta obtener la textura de una crema ligera. Añade los daditos de pera y mezcla.
3. Dispón 12 capsulitas de papel rizado en una bandeja refractaria y rellénalas con la preparación anterior. Hornéalas durante 18-20 minutos a 160 °C hasta que hayan subido y estén firmes al tacto. Retíralas del horno, déjalas entibiar unos minutos y déjalas reposar sobre una rejilla hasta que se enfríen completamente.

Topping

1. Mezcla la mantequilla, troceada y ablandada y la mitad del azúcar glas removiendo, primero con una cuchara de madera y luego con unas varillas. Añade el resto del azúcar y sigue batiendo hasta obtener una crema ligera.
2. Dispón la crema obtenida en una manga pastelera con boquilla rizada mediana. Reparte la crema sobre los cupcakes, espolvoréalos con una pizca de canela y sírvelos enseguida.

12 cupcakes • Preparación 12 minutos • Cocción 20 minutos

Cupcakes de manzana y cacahuetes

2 huevos
125 g de mantequilla
225 g de azúcar
125 ml de leche
270 g de harina
2 cucharaditas de levadura en polvo
65 g de mantequilla de cacahuete
1 manzana verde pequeña rallada

Topping
185 g de azúcar glas
125 g de mantequilla
2 cucharadas de mantequilla de cacahuete
125 g de azúcar para el caramelo

1. Precalienta el horno a 160 °C. Bate los huevos con el azúcar y la mantequilla, troceada y ablandada, hasta conseguir una mezcla ligera y espumosa.
2. Añade la leche, la harina tamizada con la levadura y la mantequilla de cacahuete y sigue batiendo con ayuda de unas varillas eléctricas durante 2 minutos, hasta obtener la textura de una crema ligera. Añade la manzana rallada y mezcla.
3. Dispón 12 capsulitas de papel rizado en una bandeja refractaria y rellénalas con la preparación anterior. Hornéalas durante 18-20 minutos a 160 °C hasta que hayan subido y estén firmes al tacto. Retíralas del horno, déjalas entibiar unos minutos y déjalas reposar sobre una rejilla hasta que se enfríen completamente.

Topping

1. Prepara un caramelo con el azúcar, extiéndelo sobre el mármol y déjalo enfriar. Mientras, mezcla la mantequilla, troceada y ablandada, la mantequilla de cacahuete y la mitad del azúcar glas removiendo, primero con una cuchara de madera y luego con unas varillas. Añade el resto del azúcar y sigue batiendo hasta obtener una crema ligera.
2. Cubre los cupcakes con esta preparación, decóralos con trocitos de caramelo y sírvelos enseguida.

12 cupcakes • Preparación 12 minutos • Cocción 20 minutos

Cupcakes de arándanos y fresas

2 huevos
125 g de mantequilla
225 g de azúcar
125 ml de leche
270 g de harina
2 cucharaditas de levadura en polvo
¼ de barqueta de arándanos
¼ de barqueta de fresas

Topping
250 g de azúcar glas
2 cucharadas de arándanos triturados
¼ de barqueta de arándanos
2 cucharadas de fresas trituradas
¼ de barqueta de fresas

1. Precalienta el horno a 160 °C. Bate los huevos con el azúcar y la mantequilla, troceada y ablandada, hasta conseguir una mezcla ligera y espumosa.
2. Añade la leche, la harina tamizada con la levadura y sigue batiendo con ayuda de unas varillas eléctricas durante 2 minutos, hasta obtener la textura de una crema ligera. Añade las fresas picadas y los arándanos y mezcla.
3. Dispón 12 capsulitas de papel rizado en una bandeja refractaria y rellénalas con la preparación anterior. Hornéalas durante 18-20 minutos a 160 °C hasta que hayan subido y estén firmes al tacto. Retíralas del horno, déjalas entibiar unos minutos y déjalas reposar sobre una rejilla hasta que se enfríen completamente.

Topping

1. Mezcla el azúcar glas con los arándanos y las fresas trituradas hasta obtener la textura de una glasa.
2. Con ayuda de una espátula, cubre los cupcakes con la glasa. Decóralos con fresas laminadas y arándanos y sirve.

12 cupcakes • Preparación 12 minutos • Cocción 20 minutos

Cupcakes de naranja sanguina

2 huevos
125 g de mantequilla
225 g de azúcar
125 ml de leche
270 g de harina
2 cucharaditas de levadura en polvo
ralladura de 1 naranja sanguina
zumo de 1 naranja sanguina
1 cucharadita de semillas de amapola

Topping
185 g de azúcar glas
125 g de mantequilla
zumo de ½ naranja sanguina
ralladura de 1 naranja sanguina
naranjas confitadas para decorar

1. Precalienta el horno a 160 °C. Bate los huevos con el azúcar y la mantequilla, troceada y ablandada, hasta conseguir una mezcla ligera y espumosa.
2. Añade la leche, el zumo de naranja, la harina tamizada con la levadura y la ralladura de naranja y sigue batiendo con ayuda de unas varillas eléctricas durante 2 minutos, hasta obtener la textura de una crema ligera. Añade las semillas de amapola y mezcla.
3. Dispón 12 capsulitas de papel rizado en una bandeja refractaria y rellénalas con la preparación anterior. Hornéalas durante 18-20 minutos a 160 °C hasta que hayan subido y estén firmes al tacto. Retíralas del horno, déjalas entibiar unos minutos y déjalas reposar sobre una rejilla hasta que se enfríen completamente.

Topping

1. Mezcla la mantequilla, troceada y ablandada, con el zumo de naranja y la mitad del azúcar glas removiendo, primero con una cuchara de madera y luego con unas varillas. Añade el resto del azúcar y la ralladura de naranja y sigue batiendo hasta obtener una crema ligera.
2. Cubre los cupcakes con la crema anterior con ayuda de una espátula o con el dorso de una cuchara, decóralos con las naranjas confitadas y sírvelos.

12 cupcakes • Preparación 12 minutos • Cocción 20 minutos

Cupcakes de ciruelas

2 huevos
125 g de mantequilla
225 g de azúcar
125 ml de leche
270 g de harina
2 cucharaditas de levadura en polvo
2 cucharadas de licor de ciruela o brandy
40 g de ciruelas troceadas

Topping
185 g de azúcar glas
125 g de mantequilla
una gotas de colorante alimentario lila
rositas de azúcar para decorar

1. Precalienta el horno a 160 °C. Bate los huevos con el azúcar y la mantequilla, troceada y ablandada, hasta conseguir una mezcla ligera y espumosa.
2. Añade la leche, el licor, la harina tamizada con la levadura y la canela y sigue batiendo con ayuda de unas varillas eléctricas durante 2 minutos, hasta obtener la textura de una crema ligera. Añade las ciruelas picadas y mezcla.
3. Dispón 12 capsulitas de papel rizado en una bandeja refractaria y rellénalas con la preparación anterior. Hornéalas durante 18-20 minutos a 160 °C hasta que hayan subido y estén firmes al tacto. Retíralas del horno, déjalas entibiar unos minutos y déjalas reposar sobre una rejilla hasta que se enfríen completamente.

Topping

1. Mezcla la mantequilla, troceada y ablandada y la mitad del azúcar glas removiendo, primero con una cuchara de madera y luego con unas varillas. Añade el resto del azúcar y el colorante y sigue batiendo hasta obtener una crema ligera.
2. Dispón la crema obtenida en una manga pastelera con boquilla lisa pequeña. Reparte la crema sobre los cupcakes, decóralos con unas rositas de azúcar y sírvelos enseguida.

12 cupcakes • Preparación 12 minutos • Cocción 20 minutos

Mini cupcakes de ron con pasas

80 g de mantequilla
110 g de azúcar
1 huevo
135 g de harina
1 cucharadita de levadura en polvo
80 ml de leche
100 g de uvas pasas remojadas en 2 cucharadas de ron

Topping
80 g de mantequilla
125 g de azúcar glas
1 cucharada de ron negro
uvas pasas para decorar
chocolate rallado para decorar

1. Precalienta el horno a 160 °C. Con ayuda de unas varillas, bate la mantequilla ablandada con el azúcar hasta obtener una mezcla cremosa. Añade el huevo y sigue batiendo.
2. Añade la harina tamizada con la levadura y la leche. Sigue batiendo durante 2 minutos hasta obtener la textura de una crema ligera. Añade las pasas escurridas y mezcla.
3. Dispón 24 mini capsulitas de papel rizado en una bandeja refractaria y rellénalas con la preparación anterior. Hornéalas durante 15 minutos a 160 °C, hasta que hayan subido y estén firmes al tacto. Retíralas del horno, déjalas entibiar unos minutos y déjalas reposar sobre una rejilla hasta que se enfríen completamente.

Topping

1. Con ayuda de unas varillas eléctricas, bate la mantequilla con el ron hasta obtener una crema. Añade el azúcar glas de forma gradual sin dejar de batir hasta que esté completamente integrado.
2. Dispón esta crema en una manga pastelera con boquilla rizada pequeña y cubre los mini cupcakes. Decóralos con uvas pasas y chocolate rallado y sírvelos enseguida.

24 mini cupcakes • Preparación 20 minutos • Cocción 15 minutos

Mini cupcakes de albaricoque y almendras

80 g de mantequilla
110 g de azúcar
1 huevo
135 g de harina
1 cucharadita de levadura en polvo
80 ml de leche
½ cucharadita de extracto de vainilla
30 g de almendras picadas
40 g de orejones picados

Topping
185 g de azúcar glas
2 cucharadas de agua caliente
orejones picados y almendras fileteadas para decorar

1. Precalienta el horno a 160 °C. Con ayuda de unas varillas, bate la mantequilla ablandada con el azúcar hasta obtener una mezcla cremosa. Añade el huevo y sigue batiendo.
2. Añade la harina tamizada con la levadura, la leche y el extracto de vainilla. Sigue batiendo durante 2 minutos hasta obtener la textura de una crema ligera. Añade las almendras y los orejones picados y mezcla.
3. Dispón 24 mini capsulitas de papel rizado en una bandeja refractaria y rellénalas con la preparación anterior. Hornéalas durante 15 minutos a 160 °C, hasta que hayan subido y estén firmes al tacto. Retíralas del horno, déjalas entibiar unos minutos y déjalas reposar sobre una rejilla hasta que se enfríen completamente.

Topping

1. Mezcla el azúcar glas con dos cucharadas de agua caliente para obtener una glasa y remueve hasta que quede totalmente integrado. Cubre los mini cupcakes con esta glasa y decóralos con orejones y almendras fileteadas.

24 mini cupcakes • Preparación 20 minutos • Cocción 15 minutos

Mini cupcakes de pistachos

80 g de mantequilla
110 g de azúcar
1 huevo
135 g de harina
1 cucharadita de levadura en polvo
80 ml de leche
½ cucharadita de extracto de vainilla
65 g de pistachos picados

Topping
80 g de mantequilla
125 g de azúcar glas
unas gotas de colorante alimentario lila
pistachos enteros para decorar

1. Precalienta el horno a 160 °C. Con ayuda de unas varillas, bate la mantequilla ablandada con el azúcar hasta obtener una mezcla cremosa. Añade el huevo y sigue batiendo.
2. Añade la harina tamizada con la levadura, la leche y el extracto de vainilla. Sigue batiendo durante 2 minutos hasta obtener la textura de una crema ligera. Añade los pistachos picados y mezcla.
3. Dispón 24 mini capsulitas de papel rizado en una bandeja refractaria y rellénalas con la preparación anterior. Hornéalas durante 15 minutos a 160 °C, hasta que hayan subido y estén firmes al tacto. Retíralas del horno, déjalas entibiar unos minutos y déjalas reposar sobre una rejilla hasta que se enfríen completamente.

Topping

1. Con ayuda de unas varillas eléctricas bate la mantequilla reblandecida con la mitad del azúcar glas hasta obtener una crema. Añade el colorante y el resto del azúcar gradualmente hasta que estén totalmente integrados.
2. Dispón esta crema en una manga pastelera con boquilla rizada y cubre los cupcakes. Decóralos con pistachos enteros y sírvelos enseguida.

24 mini cupcakes • Preparación 20 minutos • Cocción 15 minutos

Mini cupcakes de arándanos

80 g de mantequilla
110 g de azúcar
1 huevo
135 g de harina
1 cucharadita de levadura en polvo
80 ml de leche
½ cucharadita de extracto de vainilla
70 g de arándanos

Topping
80 g de mantequilla
125 g de azúcar glas
1 cucharadita de extracto de vainilla
unas gotas de colorante alimentario azul
arándanos para decorar

1. Precalienta el horno a 160 °C. Con ayuda de unas varillas, bate la mantequilla ablandada con el azúcar hasta obtener una mezcla cremosa. Añade el huevo y sigue batiendo.
2. Añade la harina tamizada con la levadura, la leche y el extracto de vainilla. Sigue batiendo durante 2 minutos hasta obtener la textura de una crema ligera. Añade los arándanos, ligeramente aplastados con un tenedor, y mezcla.
3. Dispón 24 mini capsulitas de papel rizado en una bandeja refractaria y rellénalas con la preparación anterior. Hornéalas durante 15 minutos a 160 °C, hasta que hayan subido y estén firmes al tacto. Retíralas del horno, déjalas entibiar unos minutos y déjalas reposar sobre una rejilla hasta que se enfríen completamente.

Topping

1. Con ayuda de unas varillas eléctricas bate la mantequilla reblandecida con la mitad del azúcar glas hasta obtener una crema. Añade el colorante, el extracto de vainilla y el resto del azúcar gradualmente y sigue batiendo hasta que estén totalmente integrados.
2. Dispón esta crema en una manga pastelera con boquilla lisa y cubre los mini cupcakes. Decóralos con arándanos enteros y sírvelos enseguida.

24 mini cupcakes • Preparación 20 minutos • Cocción 15 minutos

Mini cupcakes de dátiles y nueces

80 g de mantequilla
110 g de azúcar
1 huevo
135 g de harina
1 cucharadita de levadura en polvo
80 ml de leche
½ cucharadita de extracto de vainilla
40 g de dátiles picados
65 g de nueces picadas

Topping
80 g de mantequilla
125 g de azúcar glas
1 cucharadita de extracto de vainilla
dátiles y nueces picadas para decorar

1. Precalienta el horno a 160 °C. Con ayuda de unas varillas, bate la mantequilla ablandada con el azúcar hasta obtener una mezcla cremosa. Añade el huevo y sigue batiendo.
2. Añade la harina tamizada con la levadura, la leche y el extracto de vainilla. Sigue batiendo durante 2 minutos hasta obtener la textura de una crema ligera. Añade los dátiles y las nueces picadas y mezcla.
3. Dispón 24 mini capsulitas de papel rizado en una bandeja refractaria y rellénalas con la preparación anterior. Hornéalas durante 15 minutos a 160 °C, hasta que hayan subido y estén firmes al tacto. Retíralas del horno, déjalas entibiar unos minutos y déjalas reposar sobre una rejilla hasta que se enfríen completamente.

Topping

1. Con ayuda de unas varillas eléctricas bate la mantequilla reblandecida con la mitad del azúcar glas hasta obtener una crema. Añade el extracto de vainilla y el resto del azúcar gradualmente y sigue batiendo hasta que estén totalmente integrados.
2. Dispón esta crema en una manga pastelera con boquilla rizada pequeña y cubre los mini cupcakes. Decóralos con nueces y dátiles picados y sírvelos enseguida.

24 mini cupcakes • Preparación 20 minutos • Cocción 15 minutos

Mini cupcakes de melocotones y frambuesas

80 g de mantequilla
110 g de azúcar
1 huevo
135 g de harina
1 cucharadita de levadura en polvo
80 ml de leche
30 g de frambuesas
40 g de melocotón en almíbar

Topping
80 g de mantequilla
125 g de azúcar glas
40 g de melocotón en almíbar
frambuesas para decorar

1. Precalienta el horno a 160 °C. Con ayuda de unas varillas, bate la mantequilla ablandada con el azúcar hasta obtener una mezcla cremosa. Añade el huevo y sigue batiendo.
2. Añade la leche y la harina tamizada con la levadura. Sigue batiendo durante 2 minutos hasta obtener la textura de una crema ligera. Añade las frambuesas ligeramente aplastadas con un tenedor y los melocotones escurridos y cortaditos en daditos muy pequeños y mezcla.
3. Dispón 24 mini capsulitas de papel rizado en una bandeja refractaria y rellénalas con la preparación anterior. Hornéalas durante 15 minutos a 160 °C, hasta que hayan subido y estén firmes al tacto. Retíralas del horno, déjalas entibiar unos minutos y déjalas reposar sobre una rejilla hasta que se enfríen completamente.

Topping

1. Con ayuda de unas varillas eléctricas bate la mantequilla reblandecida con la mitad del azúcar glas hasta obtener una crema. Añade el colorante y el resto del azúcar gradualmente y sigue batiendo durante 1 minuto. Agrega el melocotón cortado en daditos muy pequeños y mezcla.
2. Dispón esta crema en una manga pastelera con boquilla lisa y cubre los cupcakes. Decóralos con frambuesas enteras y sírvelos enseguida.

24 mini cupcakes • Preparación 20 minutos • Cocción 15 minutos

Mini cupcakes de cerezas y nueces

80 g de mantequilla
110 g de azúcar
1 huevo
135 g de harina
1 cucharadita de levadura en polvo
80 ml de leche
½ cucharadita de extracto de vainilla
35 g de guindas
35 g de nueces picadas

Topping
80 g de mantequilla
125 g de azúcar glas
unas gotas de colorante alimentario rosa
35 g de nueces picadas
guindas para decorar

1. Precalienta el horno a 160 °C. Con ayuda de unas varillas, bate la mantequilla ablandada con el azúcar hasta obtener una mezcla cremosa. Añade el huevo y sigue batiendo.
2. Añade la harina tamizada con la levadura, la leche y el extracto de vainilla. Sigue batiendo durante 2 minutos hasta obtener la textura de una crema ligera. Añade las guindas troceadas y las nueces picadas y mezcla.
3. Dispón 24 mini capsulitas de papel rizado en una bandeja refractaria y rellénalas con la preparación anterior. Hornéalas durante 15 minutos a 160 °C, hasta que hayan subido y estén firmes al tacto. Retíralas del horno, déjalas entibiar unos minutos y déjalas reposar sobre una rejilla hasta que se enfríen completamente.

Topping

1. Con ayuda de unas varillas eléctricas bate la mantequilla reblandecida con la mitad del azúcar glas hasta obtener una crema. Añade el colorante y el resto del azúcar gradualmente y sigue batiendo hasta que estén totalmente integrados. Añade las nueces picadas y mezcla.
2. Cubre los mini cupcakes con esta preparación, decóralos con las guindas y sírvelos enseguida.

24 mini cupcakes • Preparación 20 minutos • Cocción 15 minutos

Mini cupcakes de plátano y nueces

80 g de mantequilla
110 g de azúcar
1 huevo
135 g de harina
1 cucharadita de levadura en polvo
80 ml de leche
60 g de plátano triturado
35 g de nueces picadas

Topping
80 g de mantequilla
125 g de azúcar glas
1 cucharadita de extracto de vainilla
nueces picadas para decorar

1. Precalienta el horno a 160 °C. Con ayuda de unas varillas, bate la mantequilla ablandada con el azúcar hasta obtener una mezcla cremosa. Añade el huevo y sigue batiendo.
2. Añade la harina tamizada con la levadura, la leche y el plátano triturado. Sigue batiendo durante 2 minutos hasta obtener la textura de una crema ligera. Añade las nueces picadas y mezcla.
3. Dispón 24 mini capsulitas de papel rizado en una bandeja refractaria y rellénalas con la preparación anterior. Hornéalas durante 15 minutos a 160 °C, hasta que hayan subido y estén firmes al tacto. Retíralas del horno, déjalas entibiar unos minutos y déjalas reposar sobre una rejilla hasta que se enfríen completamente.

Topping

1. Con ayuda de unas varillas eléctricas bate la mantequilla reblandecida con la mitad del azúcar glas hasta obtener una crema. Añade el extracto de vainilla y el resto del azúcar gradualmente y sigue batiendo hasta que estén totalmente integrados.
2. Dispón esta crema en una manga pastelera con boquilla rizada y cubre los mini cupcakes. Espolvoréalos con nueces picadas y sírvelos enseguida.

24 mini cupcakes • Preparación 20 minutos • Cocción 15 minutos

Mini cupcakes de mantequilla de cacahuete

80 g de mantequilla
110 g de azúcar
1 huevo
135 g de harina
1 cucharadita de levadura en polvo
80 ml de leche
½ cucharadita de extracto de vainilla
70 g de mantequilla de cacahuete

Topping
80 g de mantequilla
125 g de azúcar glas
70 g de mantequilla de cacahuete
cacahuetes picados para decorar

1. Precalienta el horno a 160 °C. Con ayuda de unas varillas, bate la mantequilla ablandada con el azúcar hasta obtener una mezcla cremosa. Añade el huevo y sigue batiendo.
2. Añade la harina tamizada con la levadura, la mantequilla de cacahuete, la leche y el extracto de vainilla. Sigue batiendo durante 2 minutos hasta obtener la textura de una crema ligera.
3. Dispón 24 mini capsulitas de papel rizado en una bandeja refractaria y rellénalas con la preparación anterior. Hornéalas durante 15 minutos a 160 °C, hasta que hayan subido y estén firmes al tacto. Retíralas del horno, déjalas entibiar unos minutos y déjalas reposar sobre una rejilla hasta que se enfríen completamente.

Topping

1. Con ayuda de unas varillas eléctricas bate la mantequilla reblandecida con la mitad del azúcar glas hasta obtener una crema. Añade la mantequilla de cacahuete y el resto del azúcar gradualmente sin dejar de batir hasta que estén totalmente integrados.
2. Dispón esta crema en una manga pastelera con boquilla rizada y cubre los mini cupcakes. Espolvoréalos con cacahuetes picados y sírvelos enseguida.

24 mini cupcakes • Preparación 20 minutos • Cocción 15 minutos

Cupcakes de chocolate y fresas

2 huevos
125 g de mantequilla
225 g de azúcar
125 ml de leche
270 g de harina
2 cucharaditas de levadura en polvo
2 cucharadas de cacao en polvo
65 g de fresas

Topping
250 ml de nata para montar
fresas laminadas para decorar
virutas de chocolate para decorar

1. Precalienta el horno a 160 °C. Bate los huevos con el azúcar y la mantequilla, troceada y ablandada, hasta conseguir una mezcla ligera y espumosa.
2. Añade la leche, la harina tamizada con la levadura y el cacao y sigue batiendo con ayuda de unas varillas eléctricas durante 2 minutos, hasta obtener la textura de una crema ligera. Añade las fresas picadas y mezcla.
3. Dispón 12 capsulitas de papel rizado en una bandeja refractaria y rellénalas con la preparación anterior. Hornéalas durante 18-20 minutos a 160 °C hasta que hayan subido y estén firmes al tacto. Retíralas del horno, déjalas entibiar unos minutos y déjalas reposar sobre una rejilla hasta que se enfríen completamente.

Topping

1. Cubre los cupcakes con la nata montada. Decóralos con fresas laminadas y virutas de chocolate y sírvelos enseguida.

12 cupcakes • Preparación 12 minutos • Cocción 20 minutos

cupcakes con cítricos

El sabor ácido de los cítricos marida a la perfección con lo dulce, creando una de las combinaciones más acertadas de la repostería. Naranjas, limas, limones y pomelos aportan su toque cítrico y hacen de estos cupcakes pequeñas maravillas con sorprendentes contrastes.

Cupcakes con limón, nueces y zanahorias

2 huevos
125 g de mantequilla
225 g de azúcar
185 ml de aceite de girasol
125 ml de zumo de limón
270 g de harina
2 cucharaditas de levadura en polvo
1 cucharadita de canela
½ cucharadita de clavo molido
85 g de zanahoria rallada
ralladura de 1 limón
70 g de nueces picadas

Topping
185 g de azúcar glas
ralladura de 1 limón
1 cucharadita de zumo de limón
90 g de mantequilla
70 g de nueces
unas gotas de colorante naranja

1. Precalienta el horno a 160 °C. Bate los huevos con el azúcar y la mantequilla, troceada y ablandada, hasta conseguir una mezcla ligera y espumosa.
2. Añade el aceite, el zumo de limón, la ralladura, la harina tamizada con la levadura, la canela y el clavo y sigue batiendo con ayuda de unas varillas eléctricas durante 2 minutos, hasta obtener la textura de una crema ligera. Añade la zanahoria rallada y las nueces picadas y mezcla.
3. Dispón 12 capsulitas de papel rizado en una bandeja refractaria y rellénalas con la preparación anterior. Hornéalas durante 18-20 minutos a 160 °C hasta que hayan subido y estén firmes al tacto. Retíralas del horno, déjalas entibiar unos minutos y déjalas reposar sobre una rejilla hasta que se enfríen completamente.

Topping

1. Con ayuda de unas varillas eléctricas bate todos los ingredientes, excepto las nueces, hasta que estén completamente integrados. Cubre los cupcakes con esta crema, decóralos con las nueces y sírvelos enseguida.

12 cupcakes • Preparación 12 minutos • Cocción 20 minutos

Cupcakes de miel y avellanas

2 huevos
125 g de mantequilla
225 g de azúcar
125 ml de leche
270 g de harina
2 cucharaditas de levadura en polvo
100 g de miel
35 g de avellanas picadas

Topping
185 g de azúcar glas
125 g de mantequilla
2 cucharadas de zumo de limón
2 cucharadas de miel
avellanas picadas para decorar

1. Precalienta el horno a 160 °C. Bate los huevos con el azúcar y la mantequilla, troceada y ablandada, hasta conseguir una mezcla ligera y espumosa.
2. Añade la leche, la miel, la harina tamizada con la levadura y sigue batiendo con ayuda de unas varillas eléctricas durante 2 minutos, hasta obtener la textura de una crema ligera. Añade las avellanas picadas y mezcla.
3. Dispón 12 capsulitas de papel rizado en una bandeja refractaria y rellénalas con la preparación anterior. Hornéalas durante 18-20 minutos a 160 °C hasta que hayan subido y estén firmes al tacto. Retíralas del horno, déjalas entibiar unos minutos y déjalas reposar sobre una rejilla hasta que se enfríen completamente.

Topping

1. Mezcla la mantequilla, troceada y ablandada, y la mitad del azúcar glas removiendo, primero con una cuchara de madera y luego con unas varillas. Añade el resto del azúcar, la miel y el zumo de limón y sigue batiendo hasta obtener una crema.
2. Cubre los cupcakes con esta crema con ayuda de una espátula, espolvoréalos con avellanas picadas y sírvelos enseguida.

12 cupcakes • Preparación 12 minutos • Cocción 20 minutos

Cupcakes de jengibre y limón

2 huevos
125 g de mantequilla
225 g de azúcar
125 ml de leche
270 g de harina
2 cucharaditas de levadura en polvo
30 g de jengibre confitado
zumo de ½ limón
ralladura de 1 limón

Topping
125 g de azúcar glas
2 cucharadas de zumo de limón
50 g de jengibre confitado

1. Precalienta el horno a 160 °C. Bate los huevos con el azúcar y la mantequilla, troceada y ablandada, hasta conseguir una mezcla ligera y espumosa.
2. Añade la leche, el zumo de limón, la ralladura, la harina tamizada con la levadura y sigue batiendo con ayuda de unas varillas eléctricas durante 2 minutos, hasta obtener la textura de una crema ligera. Añade el jengibre confitado picado y mezcla.
3. Dispón 12 capsulitas de papel rizado en una bandeja refractaria y rellénalas con la preparación anterior. Hornéalas durante 18-20 minutos a 160 °C hasta que hayan subido y estén firmes al tacto. Retíralas del horno, déjalas entibiar unos minutos y déjalas reposar sobre una rejilla hasta que se enfríen completamente.

Topping

1. Mezcla el azúcar glas con el zumo de limón hasta obtener una glasa. Cubre los cupcakes con esta glasa con ayuda de una espátula. Decóralos con láminas de jengibre confitado y sírvelos enseguida.

12 cupcakes • Preparación 12 minutos • Cocción 20 minutos

Cupcakes de lima y limón

2 huevos
125 g de mantequilla
225 g de azúcar
125 ml de aceite de girasol
65 ml de zumo de limón
270 g de harina
2 cucharaditas de levadura en polvo
50 g de almendra molida
ralladura de 1 lima y 1 limón

Topping
185 g de azúcar glas
ralladura de 1 limón
1 cucharadita de zumo de limón
90 g de mantequilla
tiras de piel de naranja, lima y limón confitadas

1. Precalienta el horno a 160 °C. Bate los huevos con el azúcar y la mantequilla, troceada y ablandada, hasta conseguir una mezcla ligera y espumosa.
2. Añade el aceite, el zumo de limón, la harina tamizada con la levadura, la almendra molida y la ralladura de lima y limón. Sigue batiendo con ayuda de unas varillas eléctricas durante 2 minutos, hasta obtener la textura de una crema ligera.
3. Dispón 12 capsulitas de papel rizado en una bandeja refractaria y rellénalas con la preparación anterior. Hornéalas durante 18-20 minutos a 160 °C hasta que hayan subido y estén firmes al tacto. Retíralas del horno, déjalas entibiar unos minutos y déjalas reposar sobre una rejilla hasta que se enfríen completamente.

Topping

1. Mezcla la mantequilla, troceada y ablandada y la mitad del azúcar glas removiendo, primero con una cuchara de madera y luego con unas varillas. Añade el resto del azúcar, la ralladura y el zumo de limón y sigue batiendo hasta obtener una crema.
2. Reparte la crema sobre los cupcakes, espolvoréalos con tiras de piel de naranja, lima y limón confitadas y sírvelos enseguida.

12 cupcakes • Preparación 12 minutos • Cocción 20 minutos

Cupcakes de pomelo rosa

2 huevos
125 g de mantequilla
225 g de azúcar
125 ml de yogur natural
270 g de harina
2 cucharaditas de levadura en polvo
2 cucharadas de zumo de pomelo rosa
ralladura de 1 pomelo rosa
1 cucharadita de extracto de vainilla

Topping
185 g de azúcar glas
125 g de mantequilla
2 cucharadas de zumo de pomelo rosa
unas gotas de colorante alimentario rosa

1. Precalienta el horno a 160 °C. Bate los huevos con el azúcar y la mantequilla, troceada y ablandada, hasta conseguir una mezcla ligera y espumosa.
2. Añade el yogur, el zumo y la ralladura de pomelo, la harina tamizada con la levadura y el extracto de vainilla y sigue batiendo con ayuda de unas varillas eléctricas durante 2 minutos, hasta obtener la textura de una crema ligera.
3. Dispón 12 capsulitas de papel rizado en una bandeja refractaria y rellénalas con la preparación anterior. Hornéalas durante 18-20 minutos a 160 °C hasta que hayan subido y estén firmes al tacto. Retíralas del horno, déjalas entibiar unos minutos y déjalas reposar sobre una rejilla hasta que se enfríen completamente.

Topping

1. Mezcla la mantequilla, troceada y ablandada y la mitad del azúcar glas removiendo, primero con una cuchara de madera y luego con unas varillas. Añade el resto del azúcar gradualmente, el zumo de pomelo y el colorante y sigue batiendo hasta obtener una crema.
2. Cubre los cupcakes con la crema anterior con ayuda de una espátula y sirve.

12 cupcakes • Preparación 12 minutos • Cocción 20 minutos

Cupcakes de chocolate blanco y pistachos

2 huevos
125 g de mantequilla
225 g de azúcar
125 ml de leche
270 g de harina
2 cucharaditas de levadura en polvo
1 cucharadita de extracto de vainilla
ralladura y zumo de ½ limón
50 g de pistachos
70 g de chips de chocolate blanco

Topping
185 g de azúcar glas
125 g de mantequilla
zumo de ½ limón
50 g de pistachos
chocolate blanco rallado para decorar

1. Precalienta el horno a 160 °C. Bate los huevos con el azúcar y la mantequilla, troceada y ablandada, hasta conseguir una mezcla ligera y espumosa.
2. Añade la leche, el zumo y la ralladura de limón, la harina tamizada con la levadura y el extracto de vainilla y sigue batiendo con ayuda de unas varillas eléctricas durante 2 minutos, hasta obtener la textura de una crema ligera. Añade el chocolate blanco y los pistachos picados y mezcla.
3. Dispón 12 capsulitas de papel rizado en una bandeja refractaria y rellénalas con la preparación anterior. Hornéalas durante 18-20 minutos a 160 °C hasta que hayan subido y estén firmes al tacto. Retíralas del horno, déjalas entibiar unos minutos y déjalas reposar sobre una rejilla hasta que se enfríen completamente.

Topping

1. Mezcla la mantequilla, troceada y ablandada, y la mitad del azúcar glas removiendo, primero con una cuchara de madera y luego con unas varillas. Añade gradualmente el resto del azúcar y el zumo de limón y sigue batiendo hasta obtener una crema ligera. Agrega los pistachos picados y mezcla.
2. Reparte esta crema sobre los cupcakes, espolvoréalos con chocolate blanco rallado y sírvelos enseguida.

12 cupcakes • Preparación 12 minutos • Cocción 20 minutos

Cupcakes de limón y cerezas

2 huevos
125 g de mantequilla
225 g de azúcar
125 ml de leche
270 g de harina
2 cucharaditas de levadura en polvo
1 cucharadita de extracto de vainilla
ralladura de 1 limón
35 g de cerezas picadas

Topping
185 g de azúcar glas
125 g de mantequilla
ralladura de 1 limón
½ cucharada de zumo de limón
cerezas para decorar

1. Precalienta el horno a 160 °C. Bate los huevos con el azúcar y la mantequilla, troceada y ablandada, hasta conseguir una mezcla ligera y espumosa.
2. Añade la leche, la ralladura limón, la harina tamizada con la levadura y el extracto de vainilla y sigue batiendo con ayuda de unas varillas eléctricas durante 2 minutos, hasta obtener la textura de una crema ligera. Añade las cerezas deshuesadas y picadas y mezcla.
3. Dispón 12 capsulitas de papel rizado en una bandeja refractaria y rellénalas con la preparación anterior. Hornéalas durante 18-20 minutos a 160 °C hasta que hayan subido y estén firmes al tacto. Retíralas del horno, déjalas entibiar unos minutos y déjalas reposar sobre una rejilla hasta que se enfríen completamente.

Topping

1. Mezcla la mantequilla, troceada y ablandada y la mitad del azúcar glas removiendo, primero con una cuchara de madera y luego con unas varillas eléctricas. Añade gradualmente el resto del azúcar, el zumo y la ralladura de limón y sigue batiendo hasta obtener una crema.
2. Dispón la crema obtenida en una manga pastelera con boquilla rizada mediana. Reparte la crema sobre los cupcakes, decóralos con cerezas y sírvelos enseguida.

12 cupcakes • Preparación 12 minutos • Cocción 20 minutos

Cupcakes de naranja

2 huevos
125 g de mantequilla
225 g de azúcar
125 ml de leche
270 g de harina
2 cucharaditas de levadura en polvo
1 cucharadita de extracto de vainilla
1 cucharada de cacao en polvo
zumo de 1 naranja
ralladura de 1 naranja
25 g de chocolate rallado

Topping
250 g de azúcar glas
125 g de mantequilla
60 ml de zumo de naranja
trocitos de bolitas de chocolate y naranja para decorar

1. Precalienta el horno a 160 °C. Bate los huevos con el azúcar y la mantequilla, troceada y ablandada, hasta conseguir una mezcla ligera y espumosa.
2. Añade la leche, la ralladura y el zumo de naranja, la harina tamizada con la levadura, el cacao y el extracto de vainilla y sigue batiendo con ayuda de unas varillas eléctricas durante 2 minutos, hasta obtener la textura de una crema ligera. Añade el chocolate rallado y mezcla.
3. Dispón 12 capsulitas de papel rizado en una bandeja refractaria y rellénalas con la preparación anterior. Hornéalas durante 18-20 minutos a 160 °C hasta que hayan subido y estén firmes al tacto. Retíralas del horno, déjalas entibiar unos minutos y déjalas reposar sobre una rejilla hasta que se enfríen completamente.

Topping

1. Mezcla la mantequilla, troceada y ablandada y la mitad del azúcar glas removiendo, primero con una cuchara de madera y luego con unas varillas eléctricas. Añade gradualmente el resto del azúcar y el zumo de naranja y sigue batiendo hasta obtener una crema.
2. Dispón la crema obtenida en una manga pastelera con boquilla rizada pequeña y cubre los cupcakes con rosetones de crema. Espolvoréalos con las bolitas de chocolate troceadas y sírvelos enseguida.

12 cupcakes • Preparación 12 minutos • Cocción 20 minutos

Cupcakes con azúcar de cítricos

2 huevos
125 g de mantequilla
225 g de azúcar
125 ml de leche
270 g de harina
2 cucharaditas de levadura en polvo
1 cucharadita de extracto de limón
1 cucharadita de extracto de lima
ralladura de 1 lima y 1 limón

Topping
185 g de azúcar glas
125 g de mantequilla
½ cucharadita de extracto de limón
½ cucharadita de extracto de lima

Azúcar de ralladura de cítricos
ralladura de 3 limas
ralladura de 3 limones
165 g de azúcar

1. Precalienta el horno a 160 °C. Bate los huevos con el azúcar y la mantequilla, troceada y ablandada, hasta conseguir una mezcla ligera y espumosa.
2. Añade la ralladura y el extracto de lima y limón, la leche y la harina tamizada con la levadura y sigue batiendo con ayuda de unas varillas durante 2 minutos.
3. Dispón 12 capsulitas de papel rizado en una bandeja refractaria y rellénalas con la preparación anterior. Hornéalas durante 18-20 minutos a 160 °C hasta que hayan subido y estén firmes al tacto. Retíralas del horno, déjalas entibiar unos minutos y déjalas reposar sobre una rejilla hasta que se enfríen completamente.

Azúcar de ralladura de cítricos:

1. Mezcla la ralladura con el azúcar y deja reposar durante un mínimo de 10 minutos.

Topping

1. Con unas varillas eléctricas mezcla todos los ingredientes durante 3 minutos. Dispón esta crema en una manga pastelera con boquilla rizada pequeña y cubre los cupcakes. Espolvoréalos con el azúcar de ralladura de cítricos y sírvelos enseguida.

12 cupcakes • Preparación 35 minutos • Cocción 25 minutos

cupcakes originales

Un buen libro de cupcakes ha de ofrecer ideas para todas las ocasiones, sea cual sea la estación del año y el motivo de la celebración. Recuerda que para poder improvisar en cualquier momento te bastará con tener unos pocos ingredientes, colorantes diferentes y un surtido de figuritas de azúcar que encantarán a los pequeños.

Cupcakes **azules**

2 huevos
125 g de mantequilla
225 g de azúcar
125 ml de leche
270 g de harina
2 cucharaditas de levadura en polvo
1 cucharadita de extracto de vainilla

Topping
185 g de azúcar glas
125 g de mantequilla
1 cucharada de agua
6 gotas de colorante alimentario azul
3 cucharadas de granillo de azúcar azul

1. Precalienta el horno a 160 °C. Bate los huevos con el azúcar y la mantequilla, troceada y ablandada, hasta conseguir una mezcla ligera y espumosa.
2. Añade la leche, la harina tamizada con la levadura y el extracto de vainilla y sigue batiendo con ayuda de unas varillas eléctricas durante 2 minutos, hasta obtener la textura de una crema ligera.
3. Dispón 12 capsulitas de papel rizado en una bandeja refractaria y rellénalas con la preparación anterior. Hornéalas durante 18-20 minutos a 160 °C hasta que hayan subido y estén firmes al tacto. Retíralas del horno, déjalas entibiar unos minutos y déjalas reposar sobre una rejilla hasta que se enfríen completamente.

Topping

1. Mezcla la mantequilla, troceada y ablandada y la mitad del azúcar glas removiendo, primero con una cuchara de madera y luego con unas varillas. Añade el colorante y el resto del azúcar gradualmente y sigue batiendo hasta obtener una crema.
2. Cubre los cupcakes con esta crema con ayuda de una espátula, espolvoréalos con granillo de azúcar y sírvelos enseguida.

12 cupcakes • Preparación 12 minutos • Cocción 20 minutos

Cupcakes de alas de ángel

2 huevos
125 g de mantequilla
225 g de azúcar
125 ml de leche
270 g de harina
2 cucharaditas de levadura en polvo
1 cucharadita de extracto de vainilla

Topping
250 ml de nata montada
75 g de mermelada de frambuesa
65 g de azúcar glas
1 cucharada de agua
granillo de azúcar de colores para decorar

1. Precalienta el horno a 160 °C. Bate los huevos con el azúcar y la mantequilla, troceada y ablandada, hasta conseguir una mezcla ligera y espumosa.
2. Añade la leche, la harina tamizada con la levadura y el extracto de vainilla y sigue batiendo con ayuda de unas varillas eléctricas durante 2 minutos, hasta obtener la textura de una crema ligera.
3. Dispón 12 capsulitas de papel rizado en una bandeja refractaria y rellénalas con la preparación anterior. Hornéalas durante 18-20 minutos a 160 °C hasta que hayan subido y estén firmes al tacto. Retíralas del horno, déjalas entibiar unos minutos y déjalas reposar sobre una rejilla hasta que se enfríen completamente.

Topping

1. Corta la punta de los cupcakes con un cuchillo y divídelas en dos formando dos alitas. Bate el azúcar glas con una cucharada de agua, unta los bordes de las alitas con esta glasa y espolvoréalos con granillo de azúcar de colores.
2. Cubre los cupcakes con nata montada y dispón dos alitas encima de cada uno. Reparte una cucharadita de mermelada de frambuesa en el centro y sirve enseguida.

12 cupcakes • Preparación 12 minutos • Cocción 20 minutos

Cupcakes primaverales

2 huevos
125 g de mantequilla
225 g de azúcar
125 ml de leche
270 g de harina
2 cucharaditas de levadura en polvo
1 cucharadita de extracto de vainilla
½ cucharadita de colorante alimentario amarillo
ralladura de 1 limón

Topping
185 g de azúcar glas
125 g de mantequilla
1 cucharada de agua
2 gotas de colorante alimentario amarillo
florecillas de azúcar de colores

1. Precalienta el horno a 160 °C. Bate los huevos con el azúcar y la mantequilla, troceada y ablandada, hasta conseguir una mezcla ligera y espumosa.
2. Añade la leche, la harina tamizada con la levadura, el colorante, la ralladura y el extracto de vainilla y sigue batiendo con ayuda de unas varillas eléctricas durante 2 minutos, hasta obtener la textura de una crema ligera.
3. Dispón 12 capsulitas de papel rizado en una bandeja refractaria y rellénalas con la preparación anterior. Hornéalas durante 18-20 minutos a 160 °C hasta que hayan subido y estén firmes al tacto. Retíralas del horno, déjalas entibiar unos minutos y déjalas reposar sobre una rejilla hasta que se enfríen completamente.

Topping

1. Mezcla la mantequilla, troceada y ablandada y la mitad del azúcar glas removiendo, primero con una cuchara de madera y luego con unas varillas. Añade el colorante y el resto del azúcar gradualmente y sigue batiendo hasta obtener una crema.
2. Cubre los cupcakes con esta crema con ayuda de una espátula, decóralos con las florecillas de azúcar y sírvelos enseguida.

12 cupcakes • Preparación 12 minutos • Cocción 20 minutos

Cupcakes de nidos de Pascua

2 huevos
125 g de mantequilla
225 g de azúcar
125 ml de leche
270 g de harina
2 cucharaditas de levadura en polvo
1 cucharadita de extracto de vainilla
100 g de chocolate rallado o chips de chocolate
1 cucharada de cacao en polvo

Topping
100 g de chocolate fondant
80 ml de nata para montar
185 g de azúcar glas
125 g de mantequilla
huevitos de azúcar de colores para decorar
virutas de chocolate

1. Precalienta el horno a 160 °C. Bate los huevos con el azúcar y la mantequilla, troceada y ablandada, hasta conseguir una mezcla ligera y espumosa.
2. Añade la leche, la harina tamizada con la levadura, el cacao y el extracto de vainilla y sigue batiendo con ayuda de unas varillas eléctricas durante 2 minutos, hasta obtener la textura de una crema ligera. Añade el chocolate rallado o los chips de chocolate y mezcla.
3. Dispón 12 capsulitas de papel rizado en una bandeja refractaria y rellénalas con la preparación anterior. Hornéalas durante 18-20 minutos a 160 °C hasta que hayan subido y estén firmes al tacto. Retíralas del horno, déjalas entibiar unos minutos y déjalas reposar sobre una rejilla hasta que se enfríen completamente.

Topping

1. Funde el chocolate troceado con la nata líquida en una cazuelita al baño María. Retira del fuego y deja que se enfríe. Mezcla la mantequilla, troceada y ablandada y la mitad del azúcar glas removiendo, primero con una cuchara de madera y luego con unas varillas. Añade el resto del azúcar gradualmente junto con el chocolate fundido y sigue batiendo hasta obtener una crema.
2. Cubre los cupcakes con esta crema con ayuda de una espátula, espolvoréalos con virutas de chocolate y decóralos con huevitos de azúcar.

12 cupcakes • Preparación 12 minutos • Cocción 20 minutos

Cupcakes de fresa y coco

2 huevos
125 g de mantequilla
225 g de azúcar
125 ml de leche
270 g de harina
2 cucharaditas de levadura en polvo
1 cucharadita de extracto de vainilla
1 cucharadita de extracto de fresa

Topping
100 g de chocolate blanco
80 ml de nata líquida
185 g de azúcar glas
125 g de mantequilla
unas gotas de colorante alimentario rosa
200 g de coco rallado
1 cucharada de extracto de fresa

1. Precalienta el horno a 160 °C. Bate los huevos con el azúcar y la mantequilla, troceada y ablandada, hasta conseguir una mezcla ligera y espumosa.
2. Añade la leche, la harina tamizada con la levadura y los extractos de vainilla y fresa y sigue batiendo con ayuda de unas varillas eléctricas durante 2 minutos, hasta obtener la textura de una crema ligera.
3. Dispón 12 capsulitas de papel rizado en una bandeja refractaria y rellénalas con la preparación anterior. Hornéalas durante 18-20 minutos a 160 °C hasta que hayan subido y estén firmes al tacto. Retíralas del horno, déjalas entibiar unos minutos y déjalas reposar sobre una rejilla hasta que se enfríen completamente.

Topping

1. Funde el chocolate blanco troceado con la nata líquida en una cazuelita al baño María. Retira del fuego y deja que se enfríe. Mezcla la mantequilla, troceada y ablandada, y la mitad del azúcar glas removiendo, primero con una cuchara de madera y luego con unas varillas. Añade el resto del azúcar gradualmente junto con el colorante, el extracto de fresa y el chocolate blanco fundido y sigue batiendo hasta obtener una crema.
2. Cubre los cupcakes con esta crema con ayuda de una espátula. Dispón el coco rallado en un plato y reboza la superficie de los cupcakes en él presionándolos ligeramente para que quede bien adherido.

12 cupcakes • Preparación 12 minutos • Cocción 20 minutos

Cupcakes de animales

2 huevos
125 g de mantequilla
225 g de azúcar
125 ml de leche
270 g de harina
2 cucharaditas de levadura en polvo
1 cucharadita de extracto de vainilla

Topping
125 g de azúcar glas
2 cucharadas de agua
unas gotas de colorante alimentario de diferentes colores
gominolas de animales

1. Precalienta el horno a 160 °C. Bate los huevos con el azúcar y la mantequilla, troceada y ablandada, hasta conseguir una mezcla ligera y espumosa.
2. Añade la leche, la harina tamizada con la levadura y el extracto de vainilla y sigue batiendo con ayuda de unas varillas eléctricas durante 2 minutos, hasta obtener la textura de una crema ligera.
3. Dispón 12 capsulitas de papel rizado en una bandeja refractaria y rellénalas con la preparación anterior. Hornéalas durante 18-20 minutos a 160 °C hasta que hayan subido y estén firmes al tacto. Retíralas del horno, déjalas entibiar unos minutos y déjalas reposar sobre una rejilla hasta que se enfríen completamente.

Topping

1. Bate el azúcar glas con el agua hasta obtener una glasa. Divídela en varias partes y añade unas gotas de colorante alimentario diferente en cada una de ellas.
2. Cubre los cupcakes con esta glasa con ayuda de una espátula y decóralos con gominolas de animales.

12 cupcakes • Preparación 12 minutos • Cocción 20 minutos

Cupcakes de chocolate con caramelos

2 huevos
125 g de mantequilla
225 g de azúcar
125 ml de leche
270 g de harina
2 cucharaditas de levadura en polvo
1 cucharadita de extracto de vainilla

Topping
100 g de chocolate fondant
20 g de mantequilla
80 ml de nata líquida
caramelos de colores para decorar

1. Precalienta el horno a 160 °C. Bate los huevos con el azúcar y la mantequilla, troceada y ablandada, hasta conseguir una mezcla ligera y espumosa.
2. Añade la leche, la harina tamizada con la levadura y el extracto de vainilla y sigue batiendo con ayuda de unas varillas eléctricas durante 2 minutos, hasta obtener la textura de una crema ligera.
3. Dispón 12 capsulitas de papel rizado en una bandeja refractaria y rellénalas con la preparación anterior. Hornéalas durante 18-20 minutos a 160 °C hasta que hayan subido y estén firmes al tacto. Retíralas del horno, déjalas entibiar unos minutos y déjalas reposar sobre una rejilla hasta que se enfríen completamente.

Topping

1. Funde el chocolate troceado en una cazuelita al baño María junto con la nata líquida y la mantequilla. Retira del fuego y deja enfriar.
2. Cubre los cupcakes con la preparación de chocolate con ayuda de una espátula, decóralos con caramelos diferentes y sírvelos enseguida.

12 cupcakes • Preparación 12 minutos • Cocción 20 minutos

Cupcakes de Papá Noel

3 huevos
125 g de mantequilla
110 g de azúcar
80 ml de zumo de piña
135 g de harina
1 cucharadita de levadura en polvo
½ cucharadita de extracto de vainilla
250 g de frutas confitadas
100 g de uvas pasas
50 g de dátiles deshuesados
una pizca de sal

Topping
185 g de azúcar glas
125 g de mantequilla
1 cucharada de extracto de limón
1 cucharada de brandy
figuritas navideñas de azúcar para decorar

1. Precalienta el horno a 160 °C. Bate los huevos con el azúcar y la mantequilla, troceada y ablandada, hasta conseguir una mezcla ligera y espumosa.
2. Añade el zumo de piña, la harina tamizada con la levadura, una pizca de sal y el extracto de vainilla y sigue batiendo con ayuda de unas varillas eléctricas durante 2 minutos, hasta obtener la textura de una crema ligera. Añade las frutas confitadas, las pasas y los dátiles, todo bien picado, y mezcla.
3. Dispón 12 capsulitas de papel rizado en una bandeja refractaria y rellénalas con la preparación anterior. Hornéalas durante 18-20 minutos a 160 °C hasta que hayan subido y estén firmes al tacto. Retíralas del horno, déjalas entibiar unos minutos y déjalas reposar sobre una rejilla hasta que se enfríen completamente.

Topping

1. Mezcla la mantequilla, troceada y ablandada, y la mitad del azúcar glas removiendo, primero con una cuchara de madera y luego con unas varillas. Añade el extracto de limón, el brandy y el resto del azúcar gradualmente y sigue batiendo hasta obtener una crema.
2. Cubre los cupcakes con esta crema con ayuda de una espátula, decóralos con las figuritas de azúcar y sírvelos enseguida.

12 cupcakes • Preparación 12 minutos • Cocción 20 minutos

Cupcakes de verano

2 huevos
270 g de harina
2 cucharaditas de levadura en polvo
110 g de azúcar
100 g de azúcar moreno
1 cucharada de canela
una pizca de sal
150 ml de aceite de girasol
200 g de piña natural triturada

Topping
275 g de azúcar glas
125 g de mascarpone
4 cucharaditas de zumo de limón
2 gotas de extracto de vainilla
1 paquete de glasa fondant amarilla
1 tubito de glasa fondant negra

1. Precalienta el horno a 160 °C. Bate los huevos con el azúcar y el azúcar moreno hasta que estén espumosos.
2. Añade el aceite, la piña triturada, la harina tamizada con la levadura, la canela y la sal y sigue batiendo con ayuda de unas varillas eléctricas durante 2 minutos, hasta obtener la textura de una crema ligera.
3. Dispón 12 capsulitas de papel rizado en una bandeja refractaria y rellénalas con la preparación anterior. Hornéalas durante 18-20 minutos a 160 °C hasta que hayan subido y estén firmes al tacto. Retíralas del horno, déjalas entibiar unos minutos y déjalas reposar sobre una rejilla hasta que se enfríen completamente.

Topping

1. Mezcla el mascarpone con el azúcar glas, el extracto de vainilla y el zumo de limón y cubre los cupcakes con esta preparación.
2. Corta la glasa fondant amarilla en forma de pequeños pétalos y círculos para formar soles sobre la superficie de los cupcakes. Pinta los ojos y la boca con el tubito de glasa negra.

12 cupcakes • Preparación 12 minutos • Cocción 20 minutos

Cupcakes de jengibre y especias

2 huevos
125 g de mantequilla
225 g de azúcar
125 ml de leche
270 g de harina
2 cucharaditas de levadura en polvo
1 cucharadita de extracto de vainilla
2 cucharaditas de canela
1 cucharadita de nuez moscada
2 cucharaditas de jengibre molido
100 de azúcar moreno

1. Precalienta el horno a 160 °C. Bate los huevos con el azúcar y la mantequilla, troceada y ablandada, hasta conseguir una mezcla ligera y espumosa.
2. Añade la leche, la harina tamizada con la levadura, el extracto de vainilla, la nuez moscada, el jengibre y la mitad de la canela. Sigue batiendo con ayuda de unas varillas eléctricas durante 2 minutos, hasta obtener la textura de una crema ligera.
3. Dispón 12 capsulitas de papel rizado en una bandeja refractaria y rellénalas con la preparación anterior. Hornéalas durante 18-20 minutos a 160 °C hasta que hayan subido y estén firmes al tacto. Retíralas del horno, déjalas entibiar unos minutos y déjalas reposar sobre una rejilla hasta que se enfríen completamente. Espolvoréalos con el azúcar moreno y la canela restante antes de servir.

12 cupcakes • Preparación 12 minutos • Cocción 20 minutos

Índice alfabético

bon appétit